Jeremy Hayward/Gerald Jones/Marilyn Mason

Ethik

Entdecken – verstehen – anwenden
in der Sekundarstufe II

Auer Verlag GmbH

Dieses Buch ist im Verlag JOHN MURRAY PUBLISHERS LTD., London unter folgendem Titel erschienen: Jeremy Hayward/Gerald Jones/Marilyn Mason: EXPLORING ETHICS.

Gedruckt auf umweltbewusst gefertigtem, chlorfrei gebleichtem
und alterungsbeständigem Papier

1. Auflage. 2005
© by Auer Verlag GmbH, Donauwörth
Alle Rechte vorbehalten
Das Werk und seine Teile sind urheberrechtlich geschützt. Jede Nutzung in anderen als den gesetzlich zugelassenen Fällen bedarf der vorherigen schriftlichen Einwilligung des Verlages. Hinweis zu § 52a UrhG: Weder das Werk noch seine Teile dürfen ohne eine solche Einwilligung eingescannt und in ein Netzwerk eingestellt werden.
Dies gilt auch für Intranets von Schulen und sonstigen Bildungseinrichtungen.
Übersetzung aus dem Englischen: Tilmann Gleich, Bonn
Satz: Fotosatz H. Buck, Kumhausen
Druck und Bindung: Ludwig Auer GmbH, Donauwörth
ISBN 3-403-03745-2

Inhalt

Danksagungen 5
Die Autoren 5

1. Einleitung 6

1.1 Zu diesem Buch 6
1.2 Handlungsorientiertes Lehren 7
1.3 Der konkrete Einsatz der Spiele 8

2. Ein kurzer Kurs in Ethik 10

2.1 Einführung in die Ethik 11
2.2 Was ist Ethik? 12
2.2.1 Was sind Werte? 12
2.3 Grundlegende Merkmale einer ethischen Theorie 14
2.3.1 Was ist eine ethische Handlung? 14
2.3.2 Moralische Subjekte und Objekte 15
2.3.3 Intentionen 16
2.3.4 Folgen 17
2.4 Der Ursprung der Moral 18
2.4.1 Ist Moral objektiv oder subjektiv? 18
2.4.2 Warum sollen wir moralisch sein? 20
2.5 Die verschiedenen Ebenen des moralischen Diskurses 22
2.5.1 Meta-Ethik 22
2.5.2 Normative Ethik 23
2.5.3 Angewandte Ethik 25
2.6 Gerechtigkeit 27

3. Lernspiele zum „Entdecken" der Ethik 28

3.1 Die wertvollste Sache der Welt 29
3.2 Das Ziel-Spiel 31
3.3 Die ideale Lebensausrichtung 36
3.4 Moral-Fragebogen 40
3.5 Das Ding von Planet Z 44
3.6 Grenze ziehen 53
3.7 Moralische Dilemmata 57
3.8 Bist du ein Humanist? 66

3.9	Das Dilemma des Gefangenen	71
3.10	Die Verallgemeinerungsfähigkeit	77
3.11	Gesundheit oder Wohlstand?	82
3.12	Was kostet die Erde?	92
3.13	Planet Thera	96
3.14	Es gibt keine Gesetze mehr!	102
3.15	Einen Moment bitte!	104
3.16	Der Sokratische Dialog	114

4. Glossar ... 120

4.1	Schlüsselbegriffe	120
4.2	Die wichtigsten Namen	126

5. Anhang ... 130

5.1	Ethische Währungseinheiten	130

Danksagungen

Die Idee zu diesem Buch ist inspiriert durch Konferenzvorträge von Jeremy Hayward und Gerald Jones. Seine ersten Formen erhielt es durch die Zusammenarbeit mit der Britisch Humanistischen Gesellschaft, die seit ihrer Gründung das Interesse verfolgt, dass sich moralische Werte in der Erziehung entwickeln und SchülerInnen ermutigt werden, sich bewusst mit diesem Thema auseinander zu setzen. Wir möchten der Britisch Humanistischen Gesellschaft ausdrücklich für ihre Unterstützung beim Erstellen diese Buches danken.

Wir sind auch SchülerInnen und LehrerInnen an einer Reihe von Schulen, Hochschulen und Universitäten dankbar, dass sie die hier aufgeführten Lernspiele ausprobiert und uns wertvolle Rückmeldungen und Hilfen gegeben haben. Insbesondere danken möchten wir SchülerInnen und StudentInnen der Universität Bristol, des City and Islington College, des Davies, Laing and Dick College, des Dolwich College, der Greenford High School, des Instituts für Erziehung, des Kingsway College, des Mary Ward Zentrums, des Morley College und des Orpington College. Ebenfalls danken möchten wir Adam Morton von der Universität Bristol für seine wertvolle Unterstützung und Inspiration.

Das Umweltspiel WAS KOSTET DIE ERDE? basiert auf der Arbeit des TALESSI-Projektteams der Universität Greenwich. Das Team entwickelt Mittel zur Förderung interdisziplinären, kritischen Denkens und des Wertebewusstseins in der Umwelterziehung an höheren Schulen.

Die Autoren

JEREMY HAYWARD ist Philosophiedozent am Mary Ward Zentrum. GERALD JONES ist als Dekan für Philosophische und Religiöse Studien am Orpington College sowie am Davies, Laing and Dick College tätig. Sie lehren seit 1993 und entwickelten gemeinsam das handlungsorientierte Lehren als Strategie, die Schwierigkeiten bei der Vermittlung philosophischer und ethischer Themen in der Oberstufe zu überwinden. MARILYN MASON ist Bildungsbeauftragte der Britisch Humanistischen Gesellschaft. Sie hat SchülerInnen weiterführender Schulen und Erwachsene in Englisch, Philosophie und „General Studies" unterrichtet.

Jeremy Hayward
jshayward@freeuk.com

Gerald Jones
geraldjones@lineone.net

Marilyn Mason
education@humanism.org.uk

1. Einleitung

1.1 Zu diesem Buch

Ethik ist ein wichtiger Bestandteil vieler weiterführender Fächer. Von einer wachsenden Anzahl von SchülerInnen und StudentInnen wird erwartet, dass sie ethische Grundideen und -begriffe erfassen. Ethische Fragen stehen heute nicht nur in den Lehrplänen von Philosophie und Religion/Theologie, sondern auch in denen der Psychologie, Soziologie, Geschichte, Geographie, Wirtschaft, Politik, Biologie, Rechtswissenschaft, Staatsbürgerkunde bzw. Gesellschaftslehre. Sie tauchen auch im Bereich der Gesundheits- und Sozialfürsorge auf.

Ethik – Entdecken-verstehen-anwenden ist eine Materialsammlung für jeden, der ethische Themen lehrt. LehrerInnen, die mit Moralphilosophie vertraut sind, werden in den Lernspielen eine erfrischende und stimulierende Weise vorfinden, Ideen zu kommunizieren. LehrerInnen, die mit Ethik weniger vertraut sind, bekommen in diesem Buch eine Einleitung in die grundlegenden Begriffe und Theorien, die hinter den Annahmen und Intuitionen unserer alltäglichen Moralvorstellungen liegen. Vokabular, das möglicherweise unbekannt ist bzw. sehr fachspezifisch, wird bei seiner ersten Erwähnung im Text HERVORGEHOBEN und im Glossar erklärt.

Ethik – Entdecken-verstehen-anwenden ist nicht nur eine Einführung in die Ethik, sondern bietet auch eine Sammlung von handlungsorientierten Materialien an. Wir haben uns auf eine Methode gestützt, moralische Themen durch den Einsatz von (Lern-)Spielen und Übungen zu lehren. Diese zielen darauf ab, intelligente Diskussionen über moralische Fragen anzuregen und die Fähigkeit zu kritischem Denken zu entwickeln. Sie werden SchülerInnen dazu ermutigen, Begründungen für einen Standpunkt zu liefern, den sie unterstützen möchten, Theorien und Argumente zu analysieren, Hypothesen aufzustellen und eigene Schlüsse zu ziehen, ihre Ideen durch Reflexion zu testen und zu korrigieren sowie soziale Kompetenzen wie Gruppenarbeit, Kooperation und Kommunikation zu erlernen.

Es gibt viele Möglichkeiten, diesen Ethik-Band zu nutzen. Die Lernspiele können Bestandteil eines eigenständigen Einführungskurses in die Ethik sein; das Kapitel „Ein kurzer Kurs in Ethik" bietet Ideen an, wie die Lernspiele in solch einen Kurs integriert werden können. Alternativ können einzelne Spiele genutzt werden, um bestimmte inhaltliche Punkte zu illustrieren, die z.B. in Ihrem Lehrplan auftauchen. Eine Übersicht der Lernspiele und der Themen, die in ihnen behandelt sind, finden Sie auf Seite 28.

1.2 Handlungsorientiertes Lehren

Warum Spielen?

Seit unserer Kindheit haben wir Spiele gespielt, Rollen übernommen und waren mit strukturierten Aktivitäten beschäftigt – von „Verstecken spielen" bis Schach, vom Spielplatz bis zum Sitzungssaal. Da Spiele und Aktivitäten eine große Bedeutung in unserem Leben haben, ist es nur natürlich, dass sie auch einen Teil des schulischen Lernprozesses ausmachen sollten. Leider sind Spiele immer mit den frühen Stadien der Erziehung in Verbindung gebracht worden; in weiterführenden Schulen finden sie nur selten den Weg ins Klassenzimmer. Das ist schade: Strukturierte Lernaktivitäten können von enormem erzieherischem Wert sein und viele Elemente bereitstellen, die bei traditionellen Lehrmethoden oft fehlen.

Viele Erziehungstheoretiker, ganz besonders J.S. Bruner, haben argumentiert, dass aktives Lernen auf Seiten der SchülerInnen zu besserem Verstehen und Behalten führt. In ihrem Buch „Simulationsspiele im Unterricht" identifizieren Taylor und Walford die folgenden Vorteile des Spielens:

- mehr Interesse und Reiz am Lernen
- eine Trennung vom ‚konventionellen Wissen'
- die Beseitigung der Polarisierung zwischen SchülerInnen und LehrerInnen
- Lernen auf unterschiedlichen Ebenen
- die Erfahrung, Entscheidungen zu treffen
- erhöhte Empathie durch Rollenspiel
- ein guter Rahmen zum Steigern der Klassendynamik
- eine Verkleinerung der Kluft zwischen dem Lernen in der Schule und der Lebensrealität der SchülerInnen

Dies alles sind hervorragende Gründe für den Einsatz strukturierter Spiele im Unterricht der Oberstufe, doch es gibt noch weitaus mehr. Goodman behauptet, dass Spielen eine ideale Methode zum indirekten Lehren ist (bei der SchülerInnen selbständig lernen) und die traditionellen Methoden des direkten Lehrens wie im Frontalunterricht ergänzen sollte. Andere Autoren gehen weiter: Greenblat und Duke z.B. argumentieren, dass in der Zukunft „lineare" Lernmethoden wie Bücher und Vorträge zunehmend daran scheitern werden, die Komplexität der Welt abzubilden – Spiele und simulierte Aktivitäten werden dazu noch in der Lage sein.

Es gibt also viele gute Gründe, weshalb wir im Klassenzimmer Spiele und Übungen verwenden sollten. Als persönliche Notiz möchten wir noch hinzufügen, dass sich Spiele sowohl für die SchülerInnen als auch für die LehrerInnen als enorm lohnend erwiesen haben: Sie stellen eine exzellente Plattform für zukünftige Diskussionen bereit, stärken Beziehungen in der Klasse und machen das ganze Bildungserlebnis zu einem Vergnügen. Versuchen Sie es!

1.3 Der konkrete Einsatz der Spiele

Der vorliegende Band bietet ein vielfältiges Angebot an Fragebögen, Rollenspielen und Spielen ohne Wettbewerbscharakter bis hin zu traditionelleren Spielen mit Punktesystemen. Die folgende Auflistung wird Ihnen helfen, optimal mit den Materialien umzugehen:

- **Bildungsziel:** Jedes der Lernspiele bezweckt, einen bestimmten Bereich der ETHIK zu behandeln. Das Kapitel „Ein kurzer Kurs in Ethik" (2.1–2.6) verbindet alle Spiele miteinander und schlägt vor, wie sie Teil eines umfassenderen Kurses in MORAL werden könnten. Dieses Kapitel hilft auch, das Bildungsziel jedes Spiels zu klären, und vermittelt einen Eindruck, welche ethischen Themen verwendet werden können, um Themen und Erkenntnisse bei den SchülerInnen einzuführen, zu untersuchen oder zu festigen.

- **Vorbereitung:** Wir empfehlen, dass Sie bereits vor jeder praktischen Anwendung der Spiele in einer konkreten Unterrichts-Stunde die Regeln durchlesen und die Spiele vorbereiten. Alle Spiele sind mit detaillierten Anweisungen sowie weiterführenden Hinweisen und Tipps versehen.

- **Materialien:** Einige Lernspiele erfordern einen minimalen Materialeinsatz wie ein weißes Blatt Papier und einen Stift. Andere beinhalten spezielles Material wie Arbeitsblätter, die den Spielregeln gemäß bereitgestellt werden müssen. Sie brauchen lediglich die betreffenden Seiten zu fotokopieren. Einige der Spiele geben Ihnen die Möglichkeit „Geld" zu verwenden, welches im Anhang auf den Seiten 130–133 als Kopiervorlage zu finden ist.

- **Anleitungen:** Versuchen Sie, die Anweisungen vor Beginn des Spiels so klar wie möglich zu erteilen. Wenn die SchülerInnen unsicher bezüglich der Aufgabe sind, schalten sie ab und beteiligen sich nicht. Außerdem unterbricht es den Spielfluss, wenn SchülerInnen ständig Fragen zum Ablauf stellen.

- **Gruppen:** Die Größe und Anzahl der Gruppen wird von Spiel zu Spiel variieren, doch es sollte in Ihren Händen liegen, welche SchülerInnen in welcher Gruppe sind. Freundesgruppen sind nicht unbedingt die produktivste oder interessanteste Aufteilung; ein kleiner Aufwand an Vorausplanung kann das Spiel lohnender machen.

- **Wettbewerb:** Einige der Lernspiele haben Wettbewerbscharakter, der sich positiv auswirken soll. Wenn der Konkurrenzgedanke jedoch Überhand nimmt, könnten selbstzufriedene Gewinner den Zweck des Spiels vergessen. Die Entscheidung liegt bei Ihnen, bis zu welchem Grad der Wettbewerb in einem Spiel betont werden soll.

- **Variationen:** Die Regeln dieser Lernspiele sind nicht in Stein gemeißelt – sie alle können nach Ihrem Ermessen angepasst und verändert werden. Wenn während eines Spiels ein interessanter Aspekt auftaucht, mögen Sie ihn vielleicht sofort diskutieren oder ihn notieren und für später aufbewahren.

- **Praxis:** Je öfter Sie ein Spiel verwenden, desto besser wird es funktionieren. Sie werden sich an die Teile erinnern, welche den SchülerInnen besonders gefallen haben bzw. wo der Lernerfolg besonders groß war. Nun können Sie die Spiele entsprechend Ihrer SchülerInnengruppe verfeinern.

Jedes Lernspiel besteht aus konkreten Anweisungen, wichtigen Informationen und – in einigen Fällen – aus kopierbaren Materialien. Alle Spiele werden nach dem unten vorgestellten Muster präsentiert:

Titel des Lernspiels

Zum Spiel:

Ein kurzer Abriss des Lernspiels.

> **Allgemeine Informationen:**
>
> Gliedern sich in die folgenden Teile auf:
>
> | | |
> |---|---|
> | **Zeitdauer:** | Geschätzte Angabe; je nach Größe der Gruppe etc. kann sie durchaus unterschiedlich ausfallen. |
> | **Gruppen-/Klassengröße:** | Vorschlag, der sich in der Praxis bewährt hat. Sie können selbstverständlich auch mit anderen Größen arbeiten. |
> | **Erforderliche Materialien:** | Die erforderlichen Materialien werden in der Regel mit den entsprechenden Lernspielen – abgesehen von Papier, Stiften etc. – mitgeliefert. |

Ziele:

Das Lernziel des Spiels.

Spielanleitung:

Die konkreten Instruktionen und Regeln für das Spiel.

Hinweise und Tipps:

Dieser Abschnitt versucht, den Problemen vorzubeugen, denen Sie beim Gebrauch des Spieles begegnen könnten. Er enthält auch Vorschläge zu Spiel-Variationen.

Diskussionspunkte:

Ideen, wie interessante Aspekte des Spiels für die Diskussion in der Klasse zu gewinnen sind.

Philosophischer Hintergrund:

Nicht jedes Lernspiel beinhaltet diesen Abschnitt; beigefügt ist er immer dann, wenn der philosophische Hintergrund für das Verständnis des Spiels wichtig ist. Weitere thematische Hintergründe werden im Glossar ab Seite 120 erläutert.

2. Ein kurzer Kurs in Ethik

Die Lernspiele sind, entsprechend der Teilbereiche und Inhalte der Ethik, die sie betreffen, in Gruppen unterteilt. Das folgende Schaubild illustriert den gesamten Umfang und die Struktur des Kurses:

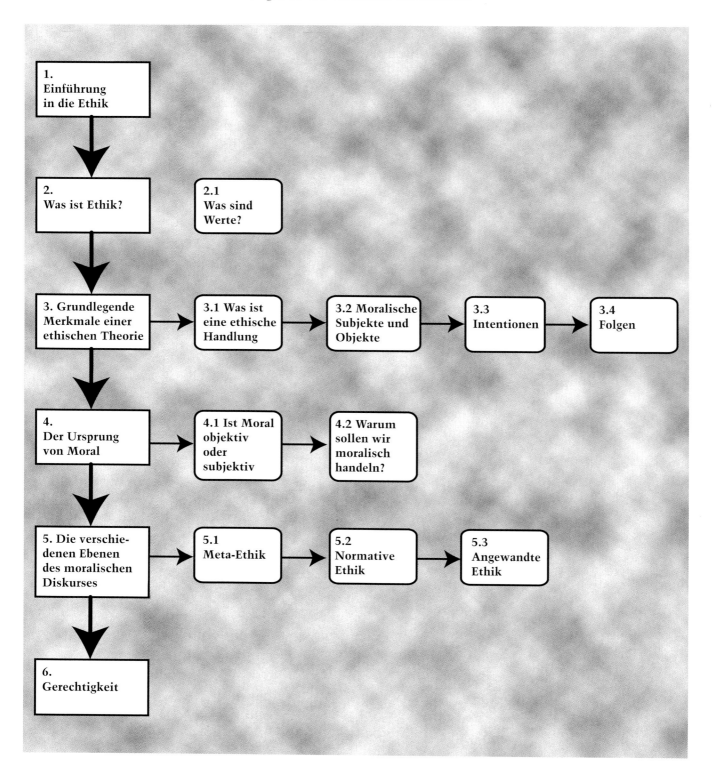

2.1 Einführung in die Ethik

Moralische Debatten dominieren die Medien: Berichte über das Privatleben von Politikern, Euthanasie, Kriegsgreuel, Sorgen um die Umwelt, Drogen und Abtreibung füllen jeden Tag die Titelseiten der Presse. Solche zeitgenössischen Themen und Fragen bilden einen Hauptteil des Ethikunterrichts. SchülerInnen werden ermutigt, ihre Sichtweisen zu äußern und diese oder ähnliche Sachverhalte frei zu diskutieren.

Leider bewegen sich Klassendiskussionen allzu oft nicht über das Niveau von „Das ist meine Meinung. Was ist Deine?" hinaus. Solche Meinungsäußerungen, so wertvoll sie auch sein mögen, sind lediglich ein kleiner Aspekt ethischer Debatten und lassen sowohl die LehrerInnen als auch die SchülerInnen oft unzufrieden zurück, da SchülerInnen ihre Meinungsverschiedenheiten alltäglich auf ganz verschiedenen Ebenen austragen. Ein kritischerer Zugang zu ethischem Denken ist nötig – die Moralphilosophie liefert solch einen Zugang.

Über Jahrtausende haben Philosophen unsere geläufigen Meinungsmuster hinterfragt. Die großen Denker haben dies getan, indem sie uns einluden, unsere Überzeugungen aktiv zu reflektieren: Worauf basieren unsere Meinungen? Sind sie widersprüchlich? Von welchen Voraussetzungen gehen wir aus? Welche versteckten Vorurteile haben wir? Der Zweck solcher Reflexion in der Ethik ist es, zu einer moralischen Theorie zu gelangen, die rechtfertigbar ist, frei von Widersprüchen und deren Voraussetzungen für alle transparent sind.

Dieser Kurs möchte das Denken derer, die an moralischen Fragen interessiert sind, durch aktive Beschäftigung mit den relevanten Fragen erweitern helfen. Die konkreten Ziele für die SchülerInnen bestehen darin, dass sie zu einem klareren Verständnis des Folgenden gelangen:

- wie moralische Urteile zustande kommen;
- welche Arten moralischen Glaubens und moralischer Theorie es gibt;
- der moralischen Begriffe wie gut und böse, richtig und falsch, MORALISCHES SUBJEKT und MORALISCHES OBJEKT;
- der verschiedenen Ebenen des moralischen Diskurses.

2.2 Was ist Ethik?

Ein Weg, Ethik (oder Moralphilosophie) zu verstehen, besteht darin, sich exemplarische Fragen anzusehen, die sie zu beantworten sucht:

- Ist die Abholzung des amazonischen Regenwaldes falsch?
- Sollen wir Forschung mit geklonten Embryos betreiben?
- Warum sollen Politiker die Wahrheit sagen?
- Kann Euthanasie jemals gut sein?

Was haben ethische Fragen gemeinsam? Während die Naturwissenschaft versucht, die Welt zu beschreiben, wie sie ist, und Geschichte, wie sie war, beschäftigen sich ethische Fragen damit, wie wir leben und handeln *sollen*. Insbesondere beschäftigt sich die Ethik mit der Frage nach dem menschlich Guten und damit, wie wir solches Gutsein durch unser Handeln erreichen können.

Es gibt viele Möglichkeiten, unser Leben zu leben. Wir können versuchen, so viel Geld wie möglich zu machen; wir können heiraten, eine Hypothek aufnehmen, in Rente gehen und sterben; oder wir können tierlieb sein, auch an andere denken und für eine Sache kämpfen, an die wir glauben. Doch welches ist letztendlich der richtige Weg, unser Leben zu führen? Es gibt viele verschiedene Antworten auf diese Frage – ausgedrückt in den zahlreichen und mitunter sehr unterschiedlichen Völkern, Religionen, Kulturen, Überzeugungen und Philosophien auf der ganzen Welt. Was die Moralphilosophie von anderen ethischen Systemen unterscheidet, ist die Art, mit der Philosophen in der Regel all unsere Lebens-Voraussetzungen und Meinungen hinterfragen; es ist eine Methode, die uns über unsere Gründe nachzudenken zwingt, *warum* wir so leben und handeln wie wir es tun. Laut SOKRATES ist dieses Denken eines der wichtigsten Dinge überhaupt, die Menschen tun können: weil „ein ungeprüftes Leben sich nicht zu leben lohnt".

Wir werden unsere Untersuchung damit beginnen, nach *Werten* zu fragen. Viele Menschen behaupten, dass es unsere Werte sind – die Dinge, die wir uns am meisten wünschen bzw. die wir für außerordentlich wichtig halten –, welche uns die letzten Gründe für unser Handeln liefern. Andere behaupten, dass die Handlungen, die wir *gut* oder *böse* nennen, nur Widerspiegelungen dessen sind, was die Gesellschaft für wertvoll hält.

2.2.1 Was sind Werte?

Spiele: DIE WERTVOLLSTE SACHE DER WELT (Seite 29)
DAS ZIEL-SPIEL (Seite 31)
DIE IDEALE LEBENSAUSRICHTUNG (Seite 36)

Die Dinge, die wir wertschätzen, treten durch die Entscheidungen hervor, die wir alltäglich treffen. Wenn wir andere für ein Jahr beobachteten, würden wir bald erfahren, welche Dinge sie für wichtig halten – meist wohl die Dinge, die sie am meisten pflegen: Suchen sie regelmäßig eine Sporthalle auf, zeigen sie, dass sie ihre Gesundheit oder ihr Aussehen wertschätzen; gehen sie jeden Abend aus, legen sie vermutlich viel Wert auf Geselligkeit oder sind nicht gern allein; lesen sie schon morgens auf dem Weg zur Arbeit, zeigt das Wissbegierde oder einfach Lesevergnügen.

ARISTOTELES behauptete, dass alle unsere Handlungen – ohne Ausnahme – mit irgendeinem Ziel im Hinterkopf getan werden. Sogar scheinbar zwecklose Handlungen haben ein Ziel und sind auf etwas gerichtet, das wir wollen, das wir wertschätzen. So wirken sich unterschiedliche Werte ganz konkret in unserem Alltag aus, weit davon entfernt, nur abstrakte Ideale zu sein. Das ZIEL-SPIEL will diesen Punkt illustrieren.

Welche Dinge sind für uns von Wert? Wenn Sie absolute Kontrolle über Ihre Existenz erhielten und angeboten bekämen, Ihr perfektes Leben zu gestalten, dann würden Sie alles „einschließen", was Sie wertschätzen – materielle Güter, Beziehungen, Ihr Innenleben und Ihre Hoffnungen für die Welt um Sie herum. DIE IDEALE LEBENSAUSRICHTUNG lädt SchülerInnen ein, genau das zu tun. Das Spiel hebt die Tatsache hervor, dass jeder, sogar der zynischste Mensch, Werte hat.

Was macht etwas wertvoll? DIE WERTVOLLSTE SACHE DER WELT beauftragt SchülerInnen, Dinge von verschiedenem Wert zu vergleichen: Persönliches, Globales, Umweltbezogenes, Ästhetisches, Materielles. Dabei müssen die SchülerInnen Gründe angeben, weshalb sie denken, dass eine Sache wertvoll ist und eine andere nicht, oder weshalb eine wertvoller ist als eine andere. Sind einige Dinge in sich wertvoll, oder ist alles nur wertvoll, weil es nützlich ist? Zu lernen, eine Meinung durch Angabe von Gründen zu rechtfertigen, ist ein wesentlicher Bestandteil von ethischem und kritischem Denken.

Wie hängen Werte mit Moral zusammen? Als generelle Regel gilt: Wenn eine Gesellschaft bestimmte Dinge hochachtet, z. B. Hunde, dann wird das Verletzen von Hunden in dieser Gesellschaft als böse betrachtet. Wir können folgern: Wenn eine Tat etwas verletzt, das wertgeschätzt wird, dann wird dies normalerweise als *böse* bezeichnet; wenn ein Handeln etwas fördert, das geschätzt wird, dann wird es *gut* genannt. Einige Philosophen haben argumentiert, dass Moral nicht mit materiellen Werten verbunden werden sollte und dass der Bereich der Moral sich von diesen anderen Bereichen gar unterscheide.

2.3 Grundlegende Merkmale einer ethischen Theorie

Im Unterschied zu vielen anderen Teilgebieten der Philosophie ist Ethik sowohl ein praktisches als auch ein theoretisches Fach. Sie beginnt mit den Wahlmöglichkeiten und Dilemmata, denen wir in der realen Welt gegenüberstehen, versucht aber, sich über diese konkreten Probleme hinauszubewegen und allgemeine Theorien über unsere Handlungen und Urteile zu entwickeln. Dieser Abschnitt beschäftigt sich mit einer Untersuchung der grundlegenden Merkmale, welche die meisten ethischen Theorien charakterisieren: Handlung, SUBJEKTIVITÄT, Intention und Folge. In einem späteren Abschnitt werden wir sehen, welche verschiedenen Betonungen die einzelnen Philosophen diesen Merkmalen beim Erstellen ihrer ethischen Systeme je zugeschrieben haben.

2.3.1 Was ist eine ethische Handlung?

Spiele: MORAL-FRAGEBOGEN (Seite 40)

Wir haben gesehen, wie alle unsere Handlungen von Werten geformt werden. Die Frage, die wir nun stellen wollen, lautet: Was macht aus einer Handlung eine ethische Handlung?

Einige unserer Handlungen werden überhaupt nicht als ethisch betrachtet (sie sind weder gut noch böse), andere Taten hingegen schon. Einen Bleistift zu spitzen oder Äpfel zu zählen sind weder gute noch böse Handlungen; isoliert sind sie moralisch neutral. Jemandem etwas zu entwenden oder Benachteiligten zu helfen, das wird hingegen als moralisches Handeln betrachtet (die eine Tat als schlecht, die andere als gut).

Was aber lässt eine Tat die moralische Arena betreten? Mit anderen Worten: Welche Merkmale an Handlungen wie dem Stehlen oder der Wohltätigkeit bringen uns dazu, sie als gut oder böse, richtig oder falsch zu beurteilen? Ob wir uns dessen bewusst sind oder nicht: Wir alle haben dazu unsere eigenen Gefühle im Bauch; wir wurden damit großgezogen, einige Taten als ethisch bedeutsam einzustufen und andere als moralisch neutral. Wir geben ein moralisches Urteil über das eine ab (wir nennen es gut oder böse), und wir ignorieren das andere.

Es ist in der Philosophie allgemeine Praxis, Begriffe durch das Erstellen von Kriterien zu entwickeln, welche die Begriffe definieren. Wenn wir wissen wollen, was eine Handlung zu einer ethischen macht, dann sollten wir zu einigen Kriterien gelangen, die uns zwischen moralischen Taten und moralisch neutralen Taten zu unterscheiden helfen. Der MORAL-FRAGEBOGEN ist eine Methode, um die persönlichen „moralischen" Meinungen der SchülerInnen über diese Unterscheidung offenzulegen. Darüber hinaus dient er als hervorragende Einleitung in jede ethische Diskussion.

Die Schlüsselkriterien moralischer Handlungen, welche diese von moralisch neutralen Taten unterscheiden, können folgendermaßen zusammengefasst werden:

- Moralische Handlungen werden durch SUBJEKTE vollzogen: Wesen, die zur freien Wahl fähig sind.
- Moralische Akte sind das Ergebnis einer Absicht: Die Handlung wurde absichtlich vollzogen und das Subjekt ist sich dessen bewusst, was es tut, und handelt bewusst. Einige unbeabsichtigte Handlungen können ebenfalls moralisch sein, etwa solche, die aus Fahrlässigkeit begangen oder auch unterlassen werden. Die allgemeine Regel lautet jedoch, dass moralisches Handeln vorsätzlich sein muss; Unfälle werden normalerweise nicht als moralisch eingestuft.
- Moralische Handlungen haben bedeutende Folgen für die OBJEKTE, die sie betreffen: Die Konsequenzen an Schaden und Nutzen, die sie anderen bringen, sind oft beträchtlich.

Wir werden nun jedes dieser Kriterien genauer untersuchen:

2.3.2 Moralische Subjekte und Objekte

Spiele: DAS DING VON PLANET Z (Seite 44)
GRENZE ZIEHEN (Seite 53)

Was unterscheidet die Gegenstände in jedem der folgenden Satz-Paare?

Ein Meteor trifft die Erde und zerstört eine ganze Stadt.	Eine biochemische Bombe trifft die Erde und zerstört eine ganze Stadt.
Ein Tiger zerreißt die Kehle eines Elefantenbabys.	Ein Wilderer zerreißt die Kehle eines Elefantenbabys.
Eine Unwetter-Katastrophe zerstört alle Bäume eines tropischen Regenwaldes.	Eine multinationale Aktiengesellschaft zerstört alle Bäume eines tropischen Regenwaldes.

In jedem Satz-Paar sind der physische Schaden und der verursachte Schmerz dieselben. Warum also beurteilen wir die erste Reihe von Fällen als moralisch neutral und die zweite in der Regel als moralisch schlecht? Der Grund ist, dass die Szenarien in der ersten Spalte keine freie Wahl beinhalten, die Menschen zugänglich wäre: Sie sind alle die Ergebnisse natürlicher Prozesse. Die Fähigkeit, freie Handlungen zu vollziehen (was auch immer das umfasst), scheint eine notwendige Bedingung für moralisches Handeln zu sein. Wir nennen Wesen mit einer solchen Fähigkeit moralische Wesen oder MORALISCHE SUBJEKTE.

Zwei miteinander verbundene Fragen stellen sich hier:

- Erstens: Was bestimmt, ob ein Lebewesen ein moralisches Subjekt ist oder nicht? Liegt es daran, dass es zur freien Wahl fähig ist; dass es sich seiner selbst bewusst ist; dass es eine Seele besitzt oder ein moralisches Gewissen hat?

- Zweitens: Wie können *wir* sagen, ob ein Geschöpf ein moralisches Subjekt ist oder nicht? Wenn KÜNSTLICHE INTELLIGENZ sich in den nächsten 100 Jahren weiter im selben Tempo fortentwickelt wie zur Zeit, könnten wir schließlich zu entscheiden haben, ob Computer moralische Wesen sind!

Stellen Sie sich vor, wir begegnen einer außerirdischen Spezies oder entdecken neue Fakten über eine Spezies auf der Erde – dann hätten wir vielleicht unsere Sicht zu ändern, dass nur Menschen zu moralischen Entscheidungen fähig sein können. Diese Fragen werden in DAS DING VON PLANET Z untersucht. Das Spiel lädt SchülerInnen ein, ihre eigenen Kriterien darüber aufzustellen, was etwas zu einem moralischen Subjekt macht und was nicht.

Wir sehen, dass die konkrete Vorstellung von einem moralischen Subjekt wichtig für die Entscheidung ist, ob eine Handlung als ethisch qualifiziert wird oder nicht. Allerdings sollten wir nicht nur bedenken, wer eine Tat vollzieht, sondern auch, an wem oder was sie vollzogen wird. Nehmen wir z. B. das Herumtrampeln auf irgendetwas. Wenn es ein Stein wäre oder ein anderes unbelebtes Objekt, dann würden wir wahrscheinlich sagen, die Handlung ist moralisch neutral. Wenn es ein kuscheliges Tier wäre, würde sich unser Urteil ändern. Was aber ist mit dem Töten von Ameisen, Fliegen oder einzelligen Organismen? In GRENZE ZIEHEN und DAS DING VON PLANET Z haben SchülerInnen die Gelegenheit zu bestimmen, welche Art von Kreaturen sie als MORALISCHE OBJEKTE betrachten und damit als des moralischen Respekts wert.

2.3.3 Intentionen

Spiele: MORALISCHE DILEMMATA (Seite 57)
DIE VERALLGEMEINERUNGSFÄHIGKEIT (Seite 77)

Es entspricht dem gesunden Menschenverstand, unabsichtliche Handlungen anders zu betrachten als absichtliche. MORALISCHE DILEMMATA beschäftigt sich mit unserem Grundgefühl, dass moralische Handlungen das Ergebnis von Intentionen sind: Wenn ich Ihnen versehentlich auf den Fuß trete und mich dafür entschuldige, so nehme ich an, dass Sie mir sagen, das mache nichts. Wenn ich jedoch absichtlich meinen Absatz in Ihren Fuß bohre, würden Sie sagen, dass ich etwas moralisch Falsches getan habe – ganz gleich, wie ausgiebig ich mich entschuldige.

Wir dürften darin übereinstimmen, dass Absichten wichtig sind für die Ethik. Aber einige Philosophen, zum Beispiel KANT (vgl. Kapitel 2.5.2), sind in ihrer

Argumentation weiter gegangen und haben formuliert, diese seien die einzig bedeutsamen Merkmale einer moralischen Handlung. Nach dieser Sichtweise solle eine Tat allein anhand der dahinterstehenden Motive als richtig oder falsch/gut oder schlecht beurteilt werden. Ob solche Theorien nun richtig sind oder nicht: Intentionen sind für unsere normalen moralischen Urteile sicher grundlegend. MORALISCHE DILEMMATA kann dazu genutzt werden, zu zeigen, wie es möglich ist, eine Tat anhand der Absicht der sie ausführenden Person zu beurteilen. Die VERALLGEMEINERUNGSFÄHIGKEIT beschäftigt sich speziell mit Kants ethischer Theorie.

2.3.4 Folgen

Spiele: MORALISCHE DILEMMATA (Seite 57)
GESUNDHEIT ODER WOHLSTAND? (Seite 82)

Es gibt sicher viele Handlungen, die unabhängig von den ursprünglichen Motiven als gut oder schlecht bewertet werden können. Wenn ich beabsichtige, die Welt zu retten, und sie dabei letztlich zerstöre, dann können wir sagen, dass meine Tat schlecht war, weil sie mit dem Tod von fast sieben Milliarden Menschen endete. Konsequenzen sind demnach ebenso sehr Teil unserer moralischen Wertungen wie Motive.

Im Allgemeinen sagen wir, dass eine Tat mit nützlichen Folgen eine gute Tat ist (entweder weil sie Glück erzeugt oder weil sie Schaden abwendet); wenn eine Handlung nachteilige Folgen produziert, dann ist sie eine schlechte Handlung. Im Zusammenhang mit dieser Theorie gibt es zahlreiche Probleme: Wie bemessen oder prophezeien wir die NÜTZLICHKEIT oder den Schaden, die eine Tat mit sich bringt? Wann enden die Konsequenzen einer konkreten Handlung? Diese Probleme werden in Kapitel 2.5.2 wieder aufgegriffen, wo wir die Theorie des UTILITARISMUS betrachten; ebenso im Spiel GESUNDHEIT ODER WOHLSTAND?, wo die SchülerInnen den Utilitarismus auf eine Vielzahl medizinischer Dilemmata anwenden.

Wir haben nun einige der grundlegenden Kennzeichen einer moralischen Theorie skizziert. Sie haben mit Handlungen zu tun, die andere betreffen (moralische Objekte), die beabsichtigt sind sowie durch ein Subjekt ausgeführt werden. Diese Gedanken stehen nicht einfach harmonisch nebeneinander. Insbesondere besteht ein direkter Konflikt zwischen denen, die gute Absichten als wesentlich für eine gute Handlung ansehen, und jenen, die gute Folgen für entscheidend halten. Die Beispiele, welche wir in MORALISCHE DILEMMATA geben, machen diesen Konflikt deutlich und laden die SchülerInnen ein, nachzudenken, welches Charakteristikum sie als das wichtigste in der Ethik betrachten.

2.4 Der Ursprung der Moral

Unsere SchülerInnen fragen uns immer wieder: „Woher kommt die Moral?" Sind moralische Regeln „irgendwo da draußen" in der Welt und warten nur darauf, wie die Naturgesetze entdeckt zu werden? Oder ist Moral eine Sache der persönlichen Meinung oder der sozialen Prägung? Diese Unterscheidung zwischen Dingen, die „da draußen" existieren (wie wissenschaftliche Tatsachen), und denen, die „in mir selbst" liegen (wie persönlicher Geschmack), wird gut durch die Begriffe *objektiv* und *subjektiv* eingefangen. Ist Moral objektiv oder subjektiv? Haben Menschen sie erfunden, oder gibt es sie unabhängig vom Menschen?

Es ist wohl Mehrheitsdenken, Moral sei objektiv und existiere unabhängig vom Menschen. Die Vereinten Nationen schätzen, dass es weltweit zwischen drei und vier Milliarden religiöse Menschen gibt. Die meisten Religionen wiederum gehen davon aus, dass Moral die Menschheit übersteige – sie habe ihren Ursprung in Gott bzw. den Göttern. Viele religiöse Menschen sagen, Moral sei ohne Gott nicht möglich. Sie behaupten:

- Wenn es keinen Gott gibt, dann ist Moral weder absolut noch objektiv. Sie verliert ihren Anspruch auf unser Handeln.
- Wenn es keinen Gott gibt, warum sollten wir dann überhaupt moralisch sein? Wie Dostojewski in *Die Brüder Karamasow* schreibt: „Wenn Gott tot ist, ist alles erlaubt."
- Wenn es keinen Gott gibt, wie können wir dann das stabile und moralische Wesen der Gesellschaft erklären?

Für viele religiöse Menschen ist ihr Glaube das Fundament ihrer Moralvorstellungen. Doch es ist auch zentrales Prinzip des Humanismus und der modernen Philosophie generell, dass Menschen in der Lage sind, Moral auch unter Ausschluss von Religion erfolgreich zu rechtfertigen, zu unterstützen und umzusetzen. Ist Moral gleichsam rein subjektiv, wenn Menschen ihre religiöse Basis ablehnen?

2.4.1 Ist Moral objektiv oder subjektiv?

Diese Frage nach der Beschaffenheit von Moral ist sehr wichtig. Wir können die Antworten auf die Frage „Woher kommt die Moral?" in den drei folgenden Grundüberzeugungen zusammenfassen:

(1) Moral ist objektiv. Es gibt ein absolutes moralisches Gesetz, unabhängig von einer menschlichen Perspektive, das vorgibt, was wir tun sollen und was nicht. Mit anderen Worten: Moral ist mehr als nur eine Ansichtssache. Einige Fragen wie: „Ist Eis besser als Schokolade?", erlauben keine klare Antwort, nur verschiedene Meinungen. Dagegen haben andere Fragen, wie etwa: „Wie viel ergibt 2+3?", durchaus absolute Antworten. Menschen, die Moral für rein objektiv halten, behaupten oft, dass z. B. moralische Fragen wie: „Ist es jemals richtig zu stehlen?", ebenfalls absolute Antworten erlauben (obwohl es manchmal sein kann, dass wir nicht wissen, wie sie lauten). Solche Typen vertreten in der Regel eine der folgenden Positionen:

- Gott schuf das moralische Gesetz und hat es uns in der Form von Geboten offenbart; es ist unsere Aufgabe, diesen Geboten zu folgen. Einige Gläubige behaupten, wir müssten diese Gebote buchstabengetreu erfüllen, andere, dass sie der Neuinterpretation bedürfen, da wir in einer sich verändernden Welt je neuen moralischen Problemen gegenüber stehen.

- Das moralische Gesetz ist ein Teil der Struktur des Universums; sogar Gott/die Götter sind ihm unterworfen. Einige Philosophen, z. B. Kant, denken, dass dieses moralische Gesetz mit der Vernunft zu erkennen ist. Andere meinen, dass Menschen einen besonderen Sinn besitzen, der uns dabei hilft zu entdecken, was richtig oder falsch ist; einige nennen das eine *moralische Intuition*, andere ein *moralisches Gewissen*.

(2) Moral ist subjektiv. So etwas wie eine absolute Moral gibt es nicht. Moralische Fragen finden keine absoluten Antworten, lediglich verschiedene Ansichten. Menschen, die daran glauben, können eine von vielen möglichen Positionen vertreten:

- Moral ist eine Sache des Individuums, etwas, das jeder für sich selbst entscheidet. Was ich für richtig halte, ist richtig „für mich"; und was Sie für richtig halten, ist richtig „für Sie". Solch eine extrem subjektivistische Haltung kann bedeuten, dass moralische Diskussionen und Argumente unmöglich werden und ebenso zwecklos: Als versuche man jemanden, der Weißkohl hasst, davon zu überzeugen, dass er diesen in Wahrheit tief in sich drinnen gern mögen würde!

- Moral ist das Produkt der jeweiligen Sozialisation. Jede Gesellschaft hat ihre eigene Moral, und daher beziehen sich *gut* und *böse* auf verschiedene Handlungsweisen in verschiedenen Gesellschaften (eine Form des *Relativismus*). Moral ist einfach der Satz an Regeln, der jede Gesellschaft dazu befähigt, stabil zu bleiben und rund zu laufen – Zyniker könnten behaupten, dass es in Wahrheit nur die Mächtigen sind, die von diesen moralischen Regeln profitieren. Eine etwas positivere Sichtweise wäre, dass jeder in der Gesellschaft von einer moralischen Erziehung profitiert und dass wir uns ohne sie wohlmöglich gegenseitig zerfleischen würden.

- Moral ist das Ergebnis von biologischen oder genetischen Faktoren. Die Individuen haben sich in solch einer Weise entwickelt, dass wir eine gewisse Anzahl anscheinend altruistischer (= selbstloser) Handlungen vollziehen. Solches Verhalten nennen wir *gut*. Denker, die in dieser Richtung argumentieren, vertreten die Theorie, dass der wahre Ursprung von Moral darin liegt, wie wir uns als soziale Tiere entwickelt haben.

Die Theorie, nach der alle moralischen und wertenden Urteile vom Individuum oder der Gesellschaft abhängig sind, ist als RELATIVISMUS bekannt. Ein Relativist würde behaupten, dass es keine absoluten Antworten auf Fragen gibt, wie: Wer ist besser? Beethoven oder die Beatles? Oder: Was ist schlimmer? Wale zu töten oder Menschen?

(3) Moral ist intersubjektiv. Dieser Begriff wird von Philosophen verwendet, um etwas zu beschreiben, das nicht rein objektiv ist, aber auch nicht rein subjektiv; es fällt in die Mitte zwischen diese beiden Pole. Moralische Fragen mögen keine absoluten Antworten haben, doch sie sind mehr als bloße Meinung.

- Zu sagen, dass Moral intersubjektiv ist, bedeutet, dass man *allgemein* darin übereinstimmt, dass einige Taten gut sind und einige böse. Mit allgemeiner Übereinstimmung meinen wir, dass es Sitten gibt, denen nahezu jeder zustimmt; diese Sitten beziehen sich nicht auf etwas, das jenseits der Menschen existiert. Tatsächlich können sich diese Sitten mit der Zeit verändern. Wie und warum intersubjektive moralische Regeln wie „Sag die Wahrheit", „Verletze keine unschuldigen Personen", „Respektiere Versprechen und Verträge", „Breche keine Tabus" etc. entstehen, ist zu diskutieren; doch es scheint, dass sie in allgemeiner Form in allen Gesellschaften existieren. Es wurde argumentiert, dass es an der Evolution liegt: Gesellschaften und Individuen, welche an diesen Regeln festhalten, tendieren dazu, zu überleben, und jene Gesellschaften, die das nicht tun, werden instabil und fallen auseinander.

Der Status moralischer Überzeugungen ist noch immer Thema der wissenschaftlichen Debatte und abhängig von anderen Ansichten, die wir vom Universum haben. Die Antwort, welche wir auf dieses Problem geben, wird eine andere sehr wichtige Frage beeinflussen: Warum sollen wir überhaupt moralisch sein?

2.4.2 Warum sollen wir moralisch sein?

Spiele: BIST DU EIN HUMANIST? (Seite 66)
DAS DILEMMA DES GEFANGENEN (Seite 71)

Einige Menschen meinen, dass wir die Pflicht haben, Gutes zu tun; andere behaupten, dass es schlicht zu unserem eigenen Besten ist, gut zu sein. Wieder andere verspüren überhaupt kein Verlangen, moralisch zu handeln. Die Frage: „Warum sollen wir moralisch sein?", ist schwierig zu beantworten und hängt zum Großteil davon ab, woher die Moral nach unserer Überzeugung kommt. Der Fragebogen BIST DU EIN HUMANIST? regt SchülerInnen an, ihre eigenen Überzeugungen zu überprüfen und enthüllt insbesondere, ob sie glauben, die Quelle der Moral sei Gott (Götter etc.) oder die Menschheit.

Hier nun einige gängige Erklärungen bzw. Motivationen dafür, warum wir moralisch handeln sollten:

- Wir werden ob unserer moralischen Handlung spirituell oder materiell belohnt:
  Wir könnten *spirituell* in diesem Leben oder im nächsten belohnt werden: als Folge von gutem Karma oder des Urteils einer Gottheit (Götter etc.). Vielleicht werden wir uns auch einfach besser fühlen oder glücklicher sein, wenn wir gute und richtige Dinge tun. Wir könnten auch *materiell* von der Gesellschaft für gutes und moralisches Benehmen belohnt werden. Das ist eindeutig nicht immer der Fall – aber die Hoffnung auf Belohnung kann eine gewisse Motivation bewirken.

- Wir haben Angst vor spiritueller oder materieller Strafe:
  Spirituelle Strafe könnte in diesem oder im nächsten Leben erfolgen: durch Gott (Götter etc.), Kräfte des Karma oder einfach dadurch, dass man sich schuldig oder unglücklich fühlt. *Materielle* oder *soziale Bestrafung* würde in der Form von Dingen erfolgen, welche die meisten von uns zu vermeiden suchen: soziale Ausgrenzung, Gefängnis oder gar Tod etc.

- Wir wollen einfach moralisch sein:
  Das könnte seinen Grund in der genetischen Zusammensetzung haben, weil wir einen angeborenen moralischen Sinn haben oder weil wir Gott (Göttern etc.) gefallen wollen.

- Wir sind sozial dazu DETERMINIERT, moralisch zu sein:
  Es liegt im Interesse der Gesellschaft, dass wir moralisch handeln, und so werden wir so konditioniert und erzogen, dass wir uns im Allgemeinen in moralischer Weise verhalten. Als Erwachsene sind wir dann längst sozial determiniert und haben keine große Wahl mehr, unsere Verhaltensmuster zu ändern.

- Es ist in unserem eigenen, besten Interesse, moralisch zu handeln:
  Selbst wenn wir akzeptieren, dass Menschen von Natur aus selbstsüchtig sind, können wir immer noch argumentieren, dass die erfolgreichste Form des Egoismus – paradoxerweise – in der Selbstlosigkeit besteht. Mit anderen Worten: Wir werden das Beste für uns selbst tun, wenn wir uns anderen gegenüber auf moralische Weise verhalten.

DAS DILEMMA DES GEFANGENEN illustriert, wie es möglich ist, ein MATERIALIST zu sein, d. h. ohne jeden Glauben an Gott oder an irgend etwas Transzendentes zu leben, und dennoch gute Gründe dafür zu haben, moralisch zu handeln.

2.5 Die verschiedenen Ebenen des moralischen Diskurses

Wie wir vorher erwähnten, gibt es viele verschiedene Ebenen des ethischen Diskurses, die leicht verwechselt werden können. Vielleicht haben Sie bemerkt, wie in erhitzten, stammtischartigen ethischen Debatten die Leute oft aneinander vorbeizureden scheinen, da sie sich offensichtlich auf verschiedenen Ebenen bewegen. Eine Person kann argumentieren, dass Abtreibung falsch ist, eine andere, dass Utilitarismus falsch ist, eine dritte kann behaupten, dass Moral nicht existiert und alles für heiße Luft erklären. Die Teilnehmenden bringen sich einfach nicht auf derselben Ebene ein. Meist liegt es daran, dass es verschiedene Wege gibt, auf denen sich Menschen über Moral austauschen können.

Die Philosophie unterteilt Ethik in drei verschiedene Diskussionsebenen. Wir haben dieses Thema dem Ende des Kurses vorbehalten, da es die Klassendiskussion auf der Ebene der „Feinabstimmung" betrifft und es etwas sein mag, was nur fortgeschrittene bzw. ältere SchülerInnen begreifen werden.

Die drei Ebenen der Ethik können durch den Blick auf die verschiedenen Arten illustriert werden, mit denen ein Philosoph auf die Frage: „Ist es jemals moralisch erlaubt, eine unschuldige Person zu töten?", antworten könnte. Es gibt drei Antwortmöglichkeiten:

(1) Auf der Ebene der META-ETHIK analysieren wir die Frage oder einzelne Begriffe.
(2) Auf der Ebene der NORMATIVEN ETHIK betrachten wir ein ganzes moralisches System und die Urteile, die entsprechend gefällt werden, was Dinge allgemein gut oder böse macht.
(3) Auf der Ebene der ANGEWANDTEN ETHIK blicken wir in der konkreten Anwendung einer normativen Theorie auf ein reales Problem.

2.5.1 Meta-Ethik

Spiele: BIST DU EIN HUMANIST? (Seite 66)
DAS DILEMMA DES GEFANGENEN (Seite 71)
DAS DING VON PLANET Z (Seite 44)

Meta-Ethik definiert und einigt sich über zentrale Begriffe der Moraldiskussion. Sie erfordert, Abstand von den aktuellen Debatten zu nehmen und zu klären, was die Grundregeln sind. Lassen Sie uns hier über die Frage nachdenken: „Ist es jemals moralisch erlaubt, eine unschuldige Person zu töten?"

Um diese Frage beantworten zu können, ist es entscheidend, zuerst zu diskutieren, was mit *Person* gemeint ist – ist ein Delphin eine Person? Ist ein zwei

Tage alter Embryo oder ein Fötus eine Person? Haben *Personen* Anspruch auf eine spezielle moralische Stellung? Sollten wir z. B. unter allen Umständen die Heiligkeit ihres Lebens respektieren? DAS DING VON PLANET Z ist eine Übung, um eine meta-ethische Unterscheidung zwischen Wesen zu treffen, die moralische Objekte sind, und jenen, die es nicht sind.

Was ist weiterhin mit *unschuldig* gemeint? Mancher würde sagen, es sei nicht falsch, im Krieg feindliche Soldaten zu töten. Zum Teil, da Soldaten nie ganz unschuldig sind. Andere sagen, die Todesstrafe sei nicht falsch, da Kriminelle nicht unschuldig sind. Gibt es verschiedene Abstufungen von Unschuld?

Was ist nun mit *moralisch erlaubt* gemeint? Einige moderne Philosophen haben behauptet, dass Wörter wie *gut* und *böse* meinen: Ich billige (oder missbillige) dieses Verhalten; die Wörter sind also völlig subjektive Urteile. Andere haben formuliert, *gut* meine: getan in Übereinstimmung mit Gottes Gesetz. Wieder andere haben eine rationale Definition vom Gutsein.
Demzufolge muss die Bedeutung von moralischen Fachbegriffen diskutiert werden. Auch ist es wichtig, die Ursprünge der Moral zu diskutieren. Wenn Sie mit *moralisch* meinen: in Übereinstimmung mit Gottes Wort getan, dann muss das jemandem verdeutlicht werden, der meint: moralisch ist, worauf auch immer eine Gesellschaft sich einigt.

DAS DILEMMA DES GEFANGENEN und der Fragebogen BIST DU EIN HUMANIST? stellen meta-ethische Fragen über die Bedeutung und die Grundlagen des moralischen Diskurses.

2.5.2 Normative Ethik

Spiele: DIE VERALLGEMEINERUNGSFÄHIGKEIT (Seite 77)
GESUNDHEIT ODER WOHLSTAND? (Seite 82)

Die Normative Ethik ist die Ebene, auf der die meisten Menschen Moral diskutieren. Auf dieser Ebene sind wir mit dem Versuch beschäftigt, einige der Regeln aufzustellen und zu rechtfertigen, von denen wir denken, dass sie das Verhalten der Menschen bestimmen sollten. Mit anderen Worten: Wir schreiben bestimmte Verhaltensweisen vor und setzen so eine Norm. Wir sagen, was Menschen tun sollen und was nicht und warum sie es tun sollen oder nicht. Wenn Philosophen normative Ethik diskutieren, schauen sie darauf, welche Handlungsweisen gut oder schlecht sind, richtig oder falsch; sie debattieren dabei ganze ethische Systeme wie z. B. den Utilitarismus, die christliche Moral oder die Kantsche Ethik.

Alle ethischen Theorien fallen tendenziell in eine von vier Obergruppen:

(1) Konsequenz-Denken Für einen Konsequenzialisten wie etwas JOHN STUART MILL (ein Utilitarist), ist eine gute Tat etwas, das gute Konsequenzen nach sich zieht; alle anderen Merkmale der Tat sind irrelevant. Für Utilitaris-

ten ist für die Konsequenzen einer guten Handlung wichtig, dass diese Schmerz minimieren und Glück maximieren. GESUNDHEIT ODER WOHLSTAND? ist eine hervorragende Simulation dieser Art des Denkens, da die SchülerInnen aufgefordert werden, ihre moralischen Gefühle und Vorurteile beiseite zu legen und die Situationen allein anhand der Folgen zu beurteilen.

(2) Absolutheitsdenken/Rigorismus: Für Anhänger dieser Theorie sind es die Handlungen selbst, nicht die Konsequenzen oder Motive, die wichtig sind für die moralische Beurteilung: Einige Handlungen sind an sich gut und andere an sich schlecht. Die moralischen Kodizes der großen Religionen, insbesondere die Zehn Gebote z.B., sind gute Illustrationen dieser Art moralischen Denkens.

(3) Intentionalismus: Für einen Intentionalisten sind es weder die Handlung selbst noch die Folgen, die gut sind, sondern allein die Intention, mit der etwas getan wurde. So ist eine gute Tat, was aus guten Motiven getan wurde. Immanuel Kant dachte, das einzig wirklich gute Motiv sei das der PFLICHT. DIE VERALLGEMEINERUNGSFÄHIGKEIT verdeutlicht diesen Aspekt von Kants ethischer Theorie.

(4) Subjektzentrierte Ethik: Einige wenige Philosophen, am renommiertesten im antiken Griechenland, konzentrierten sich nicht auf die Handlung, sondern auf das Subjekt, welches die Handlung ausführt. Für sie bezog sich *das Gute* auf die Person, nicht auf die Handlung. PLATON und ARISTOTELES hatten beide sehr klare Ansichten darüber, was jemanden zu einem *guten* Menschen macht. Diese Theorie betont Bildung und Charakterentwicklung.

Die Bezogenheit zwischen diesen vier normativen Theorien kann in der folgenden Weise illustriert werden:

Ein kurzer Kurs in Ethik

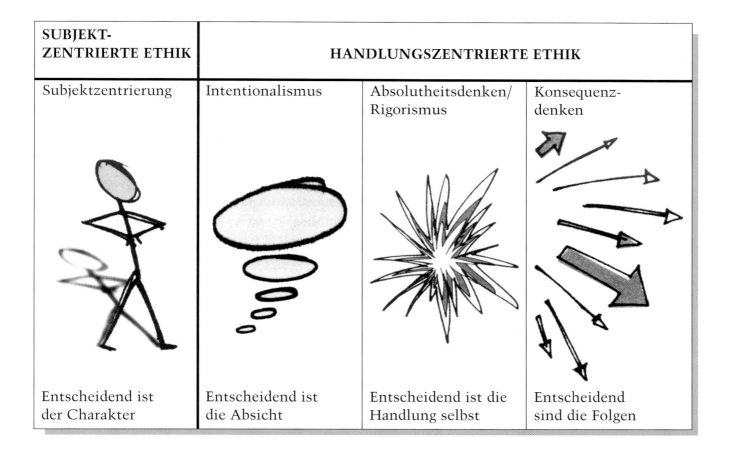

2.5.3 Angewandte Ethik

Spiele: MORALISCHE DILEMMATA (Seite 57)
DIE VERALLGEMEINERUNGSFÄHIGKEIT (Seite 77)
GESUNDHEIT ODER WOHLSTAND? (Seite 82)
WAS KOSTET DIE ERDE? (Seite 92)

Ob Sie glauben, dass Moral auf Gott (Götter etc.) zurückgeht (Meta-Ethik), ob Sie empfinden, dass z. B. Ihre Religion der beste allgemeine Wegweiser für das Verhalten ist (normative Ethik) oder ob Sie denken, dass Moral eine menschliche Schöpfung ist: Immer werden Sie ethischen Dilemmata begegnen. Heilige Texte geben z. B. keine Antwort auf Fragen wie die, ob Klonen grundsätzlich richtig oder falsch ist oder ob genetisch veränderte Sojabohnen angebaut werden sollten. Menschliche Gesellschaften und Gesetze hinken oft wissenschaftlichen Entwicklungen hinterher. Wir stehen immer vor dem Problem, wie ethische Theorien auf aktuelle Situationen in der Welt anzuwenden sind. Dies ist das große Feld der ANGEWANDTEN ETHIK.

Auf der Ebene der Angewandten (oder Praktischen) Ethik wird untersucht, wie eine ethische Theorie – z. B. der Utilitarismus – auf reale Situationen in der Welt angewandt werden kann. Es ist die Art von Problembearbeitung, welche den SchülerInnen erfahrungsgemäß am meisten gefällt, da es erfordert, sich mit zeitgemäßen moralischen Dilemmata auseinander zu setzen. Das kann zu den emotional aufgeladensten Diskussionen führen, da die SchülerInnen ihre eigenen Ansichten über kontroverse Themen hinterfragen und verteidigen müssen.

Eine Theorie auf ein moralisches Dilemma anzuwenden, kann erhellend sein, denn hier entdecken wir die Grenzen unserer eigenen Intuitionen und die Nützlichkeit einer ethischen Theorie. GESUNDHEIT ODER WOHLSTAND? und DIE VERALLGEMEINERUNGSFÄHIGKEIT enthüllen Chancen und Probleme in der praktischen Umsetzung einer ethischen Theorie. Indem wir uns auf diese Weise mit Praktischer Ethik beschäftigen, entdecken wir Hauptprobleme ethischer Theorien. Insbesondere kann die Reflexion der Anwendung einer Theorie in der Praxis:

- viele der Probleme und Widersprüche innerhalb einer ethischen Theorie selbst deutlich machen;
- zu Kritik und einer Veränderung dieser Theorie führen;
- Unstimmigkeiten im Denken der SchülerInnen aufdecken (etwa warum eine Abtreibung moralisch erlaubt ist, Kindermord dagegen nicht – ist es bloß eine Frage des Lebens außerhalb der Gebärmutter?);
- dazu führen, über eigene moralische Ansichten nachzudenken – sind sie kohärent? Werden sie durch eine einheitliche ethische Theorie zusammengehalten oder haben wir mehrere Theorien, denen wir je nach der Situation Priorität einräumen?

Als Einführung in die Praktische Ethik können die SchülerInnen versuchen, die MORALISCHEN DILEMMATA zu lösen, in denen sie unterschiedliche normative Theorien auf problematische Situationen anwenden. Doch diese einfachen Beispiele sind nur ein Hinweis auf die Arten von Fragen, die SchülerInnen diskutieren könnten; auch fehlt ihnen die Komplexität von echten zeitgenössischen Diskussionen, z. B. über das Folgende:

- Euthanasie
- Waffenhandel
- Tierrechte
- Abtreibung
- Eugenik und Genforschung
- die Umwelt

Einige dieser Probleme werden in den Lernspielen angesprochen, z. B. werden Umweltfragen in WAS KOSTET DIE ERDE? debattiert. SchülerInnen sollten nach der Beschäftigung mit den Spielen dafür gewappnet sein, eigenständig zu denken und auch über andere aktuelle ethische Fragen nachzudenken und sich auszutauschen.

Deutlich wurde, dass es drei verschiedene Ebenen gibt, Ethik zu diskutieren. Es ist wichtig, klar zwischen ihnen zu unterscheiden. Meinungsunterschiede über ein normatives ethisches System können aus Uneinigkeiten über den Ursprung von Ethik resultieren; und Meinungsverschiedenheiten über Lösungen aktueller moralischer Dilemmata können aus Differenzen über das anzuwendende ethische System entstehen.

2.6 Gerechtigkeit

Spiele: PLANET THERA (Seite 96)
ES GIBT KEINE GESETZE MEHR! (Seite 102)
EINEN MOMENT BITTE! (Seite 104)
DER SOKRATISCHE DIALOG (Seite 114)

Recht (als Gerechtigkeit) und Politik sind zwei Bereiche, die eng mit Ethik verknüpft sind. Wenn Ethik als Versuch gesehen wird, auf die Frage zu antworten: „Wie soll ich *mein* Leben führen?", dann kann Politik als ein Versuch gesehen werden, die Frage zu beantworten: „Wie sollen wir unsere Leben *gemeinsam* führen?" Gerechtigkeit ist die Brücke zwischen Ethik und Politik. Die Frage nach Gerechtigkeit zeigt, wer in der Gesellschaft die Wohltaten erhalten und wer die Lasten tragen soll. Dies nennt man *Verteilungs-Gerechtigkeit*. Die *steuernde Gerechtigkeit* zeigt, wer bestraft und wer belohnt werden soll und wie das zu tun ist.

Viele SchülerInnen haben ein starkes Gespür für Gerechtigkeit und Ungerechtigkeit. Von einem sehr frühen Alter an kann man Kinder schreien hören: Das ist nicht fair! Filme und Theaterstücke zapfen oft unseren intuitiven Gerechtigkeitssinn an. Dennoch werden die meisten SchülerInnen nicht darüber nachgedacht haben, was Gerechtigkeit eigentlich ist oder woher ihr Gerechtigkeitssinn kommt. In diesem Buch findet sich ein Bündel an Spielen, welche den SchülerInnen helfen, ihre eigenen Vorstellungen von Gerechtigkeit zu erkunden.

PLANET THERA bietet SchülerInnen die Gelegenheit, ihre eigenen Vorstellungen darüber zu erkunden, wie eine gerechte Gesellschaft aussehen sollte. Das Spiel kann die SchülerInnen veranlassen, nachzudenken, wie sie Wohltaten und Lasten unter einer Gruppe gestrandeter Menschen verteilen würden. Es macht die Voreinstellungen der einzelnen SchülerInnen zu Gerechtigkeit klar und kann als eine Plattform genutzt werden, um viele verschiedene Fragen zu diskutieren.

ES GIBT KEINE GESETZE MEHR! ermöglicht SchülerInnen zu überlegen, wie sich die Gesellschaft verhalten würde, wenn für verschiedenste Taten oder Verhaltensweisen keinerlei Strafen existierten. Es kann SchülerInnen auch ermutigen, ihr eigenes „philosophisches" Verhältnis zum Gesetz zu untersuchen.

EINEN MOMENT BITTE! führt SchülerInnen in verschiedene Ideen über Gerechtigkeit ein, ist aber primär dazu entworfen, das eigene kritische Denken zu schärfen, indem zum Nachdenken über die Beschaffenheit von Argumenten ermutigt wird. Das Spiel basiert auf dem Beginn von Platons Meisterstück, der *„Republik"*; Sokrates verwirft darin mehrere Vorstellungen von Gerechtigkeit.

DER SOKRATISCHE DIALOG schließt daran an und befähigt SchülerInnen, den Fußspuren von Sokrates zu folgen und eigenständig ethische Vorstellungen zu analysieren.

3. Lernspiele zum „Entdecken" der Ethik

Dieses Kapitel enthält 16 Spiele und Übungen. Das folgende Schaubild zeigt die abgedeckten Hauptthemen:

Spiel:	Themen:	Seite:
(1) Die wertvollste Sache der Welt	■ Werte im Allgemeinen	29
(2) Das Ziel-Spiel	■ Welche Gründe liegen hinter unserem Verhalten?	31
(3) Die ideale Lebensausrichtung	■ Welchen Lebensstil streben wir an?	36
(4) Moral-Fragebogen	■ Was macht ein Problem zu einem *moralischen* Problem?	40
(5) Das Ding von Planet Z	■ Unterscheiden sich Menschen von Tieren, wenn es um Moral geht?	44
(6) Grenze ziehen	■ Welche Tiere/Lebewesen sind in moralischer Hinsicht bedeutsam? ■ Ist es zu rechtfertigen, Tiere zu verletzten?	53
(7) Moralische Dilemmata	■ Moralische Dilemmata lösen ■ Ethik in die Praxis umsetzen	57
(8) Bist du ein Humanist?	■ Können Menschen ohne göttlichen Bezug konkrete Werte haben?	66
(9) Das Dilemma des Gefangenen	■ Ist Kooperation die notwendige Basis von Moral? ■ Woher kommt überhaupt Moral?	71
(10) Die Verallgemeinerungsfähigkeit	■ Was passiert, wenn jeder *so* (= in gleicher Weise) handelt? ■ Kants Ethik in die Praxis umsetzen	77
(11) Gesundheit oder Wohlstand?	■ Medizinische Ethik ■ Utilitarismus in die Praxis umsetzen	82
(12) Was kostet die Erde?	■ Umweltethik	92
(13) Planet Thera	■ In welcher Art von Gesellschaft würden wir gerne leben?	96
(14) Es gibt keine Gesetze mehr!	■ Wie sähe das Leben ohne Moral aus?	102
(15) Einen Moment bitte!	■ Kritisches Denken entwickeln ■ Eine Kostprobe Platons über Gerechtigkeit	104
(16) Der Sokratische Dialog	■ Argumentieren in der Tradition des Sokrates	114

3.1 Die wertvollste Sache der Welt [1 von 2]

LEHRERSEITE

3.1 Die wertvollste Sache der Welt

Zum Spiel:

Es handelt sich hier um einen kurzen, unterhaltsamen Fragebogen, entworfen, um die persönlichen Werte der einzelnen SchülerInnen zu erkunden; ein sehr guter Einstieg für weitergehende Diskussionen!

> **Allgemeine Informationen:**
>
> **Zeitdauer:** 15–30 Minuten
> **Gruppen-/Klassengröße:** 1–6 SchülerInnen, Klassengröße unbegrenzt
> **Erforderliche Materialien:** Kopiervorlage Schülerseite

Ziele:

Die SchülerInnen sollen ermutigt werden, sich ihrer eigenen Werte zu vergewissern und zu untersuchen, wodurch in ihren Augen etwas wertvoll wird.

Spielanleitung:

(1) Teilen Sie die Klasse in Gruppen ein. Geben Sie jeder Gruppe eine Kopie des Spielvordrucks.

(2) Bitten Sie die SchülerInnen, den Vordruck durch Auswahl der wertvollsten Sache in jedem Kasten zu vervollständigen. Diese sechs Dinge qualifizieren sich für das Halbfinale. Nun sollen die SchülerInnen die zwei wertvollsten Dinge nehmen, eines aus jedem der neuen Kästen.

(3) Das Finale enthüllt schließlich, was jede Gruppe für die wertvollste Sache hält.

Hinweise und Tipps:

- Bitten Sie die SchülerInnen, ihre Gründe für die Auswahl einer jeden Sache niederzuschreiben. Was macht diese Sache wertvoller als andere?
- Als weiterführende Übung oder für SchülerInnen, die früh fertig sind, können Sie fragen, welche Werte je fehlen? Die SchülerInnen sollten dabei an Dinge denken, von denen sie glauben, dass sie es voraussichtlich bis ins Halbfinale schaffen würden.

Diskussionspunkte:

- Wie verhalten sich Werte zur Ethik? Laden Sie die SchülerInnen ein, sich eine Liste guter und schlechter Handlungen auszudenken; die SchülerInnen sollen daran denken, wie gute Handlungen zu etwas beitragen können, das wir wertschätzen, und wie schlechte Handlungen etwas beschädigen können, das wir schätzen.
- Fordern Sie die SchülerInnen auf zu bedenken, dass Menschen in verschiedenen Kulturen und Ländern verschiedene Werte haben und von daher eine unterschiedliche Moral.
- Was macht etwas wertvoll? Kann irgendetwas inhärent wertvoll sein (wertvoll in sich selbst)? Oder rührt ein Wert von Seltenheit oder Einzigartigkeit her? Viele Philosophen würden sagen, dass wir Dinge wegen ihrer NÜTZLICHKEIT schätzen – mit anderen Worten, weil sie Glück fördern oder der Gesellschaft auf irgendeine Weise dienlich sind.

Die wertvollste Sache der Welt

Es ist wieder die Zeit, da die Nation mit angehaltenem Atem das Medienereignis des Jahrzehnts verfolgt. Die am höchsten geschätzten Dinge aus der ganzen Welt werden vorgestellt, und es beginnt der Kampf darum, WERTVOLLSTE SACHE DER WELT zu werden! Du bist gebeten worden, in der Jury Platz zu nehmen, welche diesen begehrten Preis vergibt: Es ist deine Aufgabe, aus jeder Gruppe das auszuwählen, was du persönlich für das Wertvollste hältst. Am Ende dieser Nacht wird es Tränen, Wutanfälle, Lachen und Freude geben, aber über allem wird ein Gewinner stehen! Du und deine Jurykollegen, ihr werdet die WERTVOLLSTE SACHE DER WELT (WSdW) ermitteln!

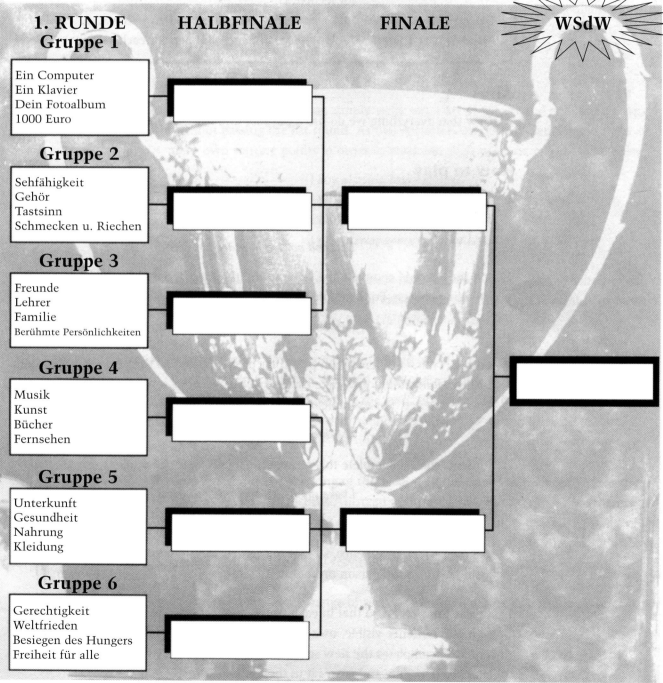

1. RUNDE — **HALBFINALE** — **FINALE** — **WSdW**

Gruppe 1
- Ein Computer
- Ein Klavier
- Dein Fotoalbum
- 1000 Euro

Gruppe 2
- Sehfähigkeit
- Gehör
- Tastsinn
- Schmecken u. Riechen

Gruppe 3
- Freunde
- Lehrer
- Familie
- Berühmte Persönlichkeiten

Gruppe 4
- Musik
- Kunst
- Bücher
- Fernsehen

Gruppe 5
- Unterkunft
- Gesundheit
- Nahrung
- Kleidung

Gruppe 6
- Gerechtigkeit
- Weltfrieden
- Besiegen des Hungers
- Freiheit für alle

LEHRERSEITE

3.2 Das Ziel-Spiel

Zum Spiel:

Diese kurze Übung wurde entworfen, um zu untersuchen, was unsere persönlichen Ziele im Leben sind, und ob es ein letztes Ziel gibt, das von allen Menschen gleichermaßen angestrebt wird.

> **Allgemeine Informationen:**
>
> | | |
> |---|---|
> | **Zeitdauer:** | 20–25 Minuten (15 Min. für die Übung; 10 Min. für das Feedback) |
> | **Gruppen-/Klassengröße:** | Bei einer Klassengröße von 5–20 SchülerInnen: gesamte Klasse |
> | **Erforderliche Materialien:** | Ein leeres Blatt Papier und je einen Stift für die SchülerInnen |

Ziele:

Zeigen, dass alles, was wir tun, einen Zweck hat und auf einem Wert basiert, den wir vertreten.

Spielanleitung:

(1) **Runde 1** – Die SchülerInnen schreiben ihre Namen oben auf ein leeres Blatt Papier. Darunter sollen sie schreiben:

> *Ich besuche die Schule, um ...*

Sie sollen den Satz vollenden, indem sie ihren Grund angeben, weshalb sie zur Schule gehen, z. B.:

> *Ich besuche die Schule, um mein Abitur zu machen.*

(2) **Runde 2** – Die SchülerInnen geben ihr Blatt Papier an die Person zu ihrer Linken weiter. Jede/r SchülerIn soll nun das Ende des vorherigen Satzes dazu benutzen, einen neuen Satz zu beginnen, z. B.:

> *Ich mache mein Abitur, um ...*

Die SchülerInnen sollen diesen Satz vollenden, z. B. um zu erklären:

> *Ich mache mein Abitur, um zur Universität gehen zu können..*

(3) **Runde 3** – Wenn der zweite Satz vollendet ist, sollen die SchülerInnen das Blatt so umfalten, dass nur der zweite Satz sichtbar ist, um diesen erneut an die Person zu ihrer Linken weiterzureichen.

(4) Wiederholen Sie diesen Vorgang so, dass in jeder Runde jede/r SchülerIn ein Blatt Papier mit einem vollständigen Satz erhält. Das Ende des Satzes

LEHRERSEITE

soll je dazu benutzt werden, um einen neuen Satz zu bilden; dann das Papier erneut so falten, dass nur dieser neue Satz sichtbar ist, und die Seite wiederum nach links weitergeben, damit die bzw. der nächste in der Reihe mit der zweiten Satzhälfte wieder einen neuen Satz bilden kann u. s. w. Insgesamt sollte die Übung über sieben oder acht Runden durchgeführt werden bzw. so lange, bis den SchülerInnen keine weiteren Begründungen mehr einfallen, z. B.:

Ich will glücklich sein, um ... ???

(5) Die SchülerInnen geben die Zettel an die Personen zurück, deren Namen darauf stehen. Sie sollten nun die SchülerInnen einladen, ihre Zettel laut vorzulesen (besonders wenn sie besonders lustig oder tiefgründig sind).

(6) Klären Sie in einer Feedbackrunde die Unterscheidung zwischen Mittel und Zweck (s. u. unter *Philosophischer Hintergrund*) und diskutieren Sie die Gründe, warum wir Dinge tun oder lassen. Sie können noch weitergehen und erforschen, ob es ein letztes Ziel gibt, auf das alle menschlichen Handlungen hinzielen: Glück oder Freude, spirituelle Erleuchtung oder moralische Perfektion etc.

Hinweise und Tipps:

- Als Alternative können die SchülerInnen einfach selbst eine Liste mit Mitteln und Zielen aufschreiben, ohne die Liste herumzureichen. Da diese Spiel-Version schneller geht, können die SchülerInnen an ihre *eigenen* Ausgangspunkte denken, um deren letztes Ziel herauszuarbeiten, z. B.:

    Ich kaufe Rasierschaum, um ...
    Ich gehe zu der Party, um ...
    Ich kaue Kaugummi, um ...
    Ich lese Zeitungen, um ...

    Wenn Sie die SchülerInnen bitten, mehrere dieser Ketten zu bilden, erlaubt das herauszufinden, ob alle Handlungen auf ein bestimmtes Ziel hinauslaufen oder ob es mehrere Ziele gibt, auf die unsere Handlungen abzielen (vgl. auch das Spiel 3.3: DIE IDEALE LEBENSAUSRICHTUNG).

- Die SchülerInnen können das Ende des vorigen Satzes umformulieren, indem sie *Ich will ...* davor setzen. Das macht ihren Satz bedeutungsvoller und es lohnt sich, dies den SchülerInnen zu Beginn zu sagen. Anstatt z. B. zu schreiben: *Ich mache mein Abitur ...*, drückt es deutlicher die Aktivität des Einzelnen aus, zu formulieren: *Ich will mein Abitur bestehen, um ...*

- Die SchülerInnen sollen an die Ziele denken, nicht an die Gründe ihrer momentanen Handlungen, daher müssen sie vermeiden, *weil* statt *um* zu schreiben. Der Satz: *Ich gehe zur Schule, weil meine Eltern das wollen*, verfehlt den Zweck der Übung, da er nichts über die Lebensabsichten der SchülerInnen verrät, sondern lediglich einen äußeren Grund der Schulpflicht angibt.

- Vermutlich gibt es „unzählige" Gründe, warum SchülerInnen heute etwas tun oder lassen. Ein abgeschlossenes Blatt könnte wie folgt aussehen:

LEHRERSEITE

> *Ich gehe zur Schule, um das Abitur zu machen.*
> *Ich mache das Abitur, um zur Universität gehen zu können.*
> *Ich gehe zur Universität, um meinen Eltern zu gefallen.*
> *Ich will meinen Eltern gefallen, um ein leichtes Leben zu Hause zu haben.*
> *Ich will ein leichtes Leben zu Hause haben, um dort für immer zu bleiben und keine Verantwortung zu tragen.*
> *Ich will für immer zu Hause bleiben und keine Verantwortung tragen, um ein leichtes Leben zu führen.*
> *Ich will ein leichtes Leben führen, um …*

Demnach ist der eigentliche Grund, zur Schule zu gehen der, ein leichtes Leben zu haben! Beachten Sie, wie in diesem Beispiel die gegebenen Gründe zu einem Zirkel werden: Ein leichtes Leben zu haben, nehmen die SchülerInnen in diesem Fall nicht als Mittel zu einem zukünftigen Ziel wahr, sondern als Selbstzweck.

▪ Obwohl wir als Ausgangspunkt vorgeschlagen haben: *Ich gehe zur Schule, weil …* (macht die Bedeutung von Bildung verständlich), braucht das nicht in jedem Fall der Einstiegssatz zu sein. *Ich gehe die Straße entlang, um …* ist z. B. ein Satzanfang, der der Fantasie der SchülerInnen freien Lauf lässt; auch jeder andere Einstieg wäre möglich.

Diskussionspunkte:

▪ Hat jede Handlung einen Zweck? Die Übung scheint darauf schließen zu lassen, dass dies für alles zutrifft. Aber ist es auch möglich, dass Menschen etwas ohne Ziel tun? Sie sollten die SchülerInnen auffordern, sich Gegenbeispiele auszudenken, indem sie z. B. Tätigkeiten nennen, die keinen Zweck zu haben scheinen (z. B. mit dem Stuhl kippeln, Männchen malen, während man telefoniert, oder ein Licht wiederholt an- und ausschalten etc.). Anschließend wäre zu fragen: Sind das echte Gegenbeispiele im Sinne echter Handlungen? Menschen, die die Bedeutung des Unterbewusstseins sehr betonen, könnten in Bezug auf unbewusste Wünsche und Ziele in der Lage sein, jegliches Verhalten zu erklären, sogar so genannt irrationales.

▪ Was hat das nun alles mit Ethik zu tun? Die Übung offenbart etwas verblüffend Offensichtliches: Dass jeder von uns Werte hat (derer wir uns bewusst sein können oder auch nicht) und dass diese Werte unser Verhalten mehr oder weniger bestimmen bzw. leiten. Die Frage, die den SchülerInnen dann zu stellen ist, lautet, ob ihnen tatsächlich die Werte wichtig sind, die ihre Handlungen verraten. *Sollte* man z. B. Spaß über alles andere stellen? Die ganz große ethische Frage in diesem Zusammenhang lautet: Was sollen wir in unserer Lebenszeit auf dieser Erde anstreben – wie sollen wir unser Leben führen?

Philosophischer Hintergrund:

Was ist der Unterschied zwischen einem MITTEL, einem ZWECK (oder ZIEL) und einem SELBSTZWECK?

Mittel: Vieles von dem, was wir tun, ist bloß ein Schritt auf dem Weg zu einer anderen zukünftigen Handlung; es hilft uns, diese Zukunft zu erreichen, eben dorthin zu gelangen: Das wird unter einem *Mittel* verstanden.

Zweck: Meist geht es uns mit dem, was wir tun, um etwas Zukünftiges, das wir eigentlich anstreben: Das wird unter einem *Zweck* verstanden. So kann ich z. B. einen Kessel aufstellen (Mittel), um eine Tasse Tee zu machen (Zweck). Einige Zwecke sind zugleich Mittel zu einem weiteren Ziel oder eben Zweck; die Übung verdeutlicht das, da sie eine Kette von Mitteln und Zwecken enthüllt, die einem entfernteren Zweck dienen. In dem eben genannten Beispiel könnte das Trinken des Tees ein Mittel sein, um wach zu bleiben oder den Durst zu stillen.

Selbstzweck: Wenn ein Zweck nur um seiner selbst willen angestrebt wird, dann ist er *Selbstzweck*. Für viele Menschen gibt es keinen weiteren Grund, eine gute Tasse Tee zu trinken, als den, dass es einfach gut tut, sie zu trinken: eine gute Tasse Tee eben. Viele Philosophen und Psychologen haben zu unterschiedlichen Zeiten argumentiert, dass ein wahrer Selbstzweck, den vielleicht alle Menschen letztlich um ihrer selbst willen erstreben, z. B. die Freude ist. Im ZIEL-SPIEL können die SchülerInnen herausfinden, dass es in einigen Fällen nicht unbedingt Sinn hat, einen Grund anzugeben oder danach zu fragen; z. B. bei der Aussage: *Ich will glücklich sein, um ...* Glück zu finden, scheint *das* Lebensziel aller Menschen zu sein. Das verdeutlicht die Tatsache des Selbstzwecks sehr anschaulich.

Wie können wir unsere Ziele erreichen? Aristoteles diskutierte in seiner *Ethik* das ideale Leben und wie es möglich sei, dieses Leben zu erlangen. Er analysierte das menschliche Handeln und argumentierte, dass jede einzelne Sache, die wir tun, auf irgendeinen Zweck hin zielt; darüber hinaus behauptete er, dass es eine Sache gebe, die alle Menschen wollen: ein gutes Leben führen. Der Weg, dieses gute Leben zu erreichen, sei, als menschliches Wesen zu gedeihen und insbesondere den Verstand zu benutzen. Aristoteles behauptete, dass es v. a. der Verstand sei, der helfe, persönliche Ziele zu erreichen: Man müsse sich einfach das angestrebte Ziel vor Augen halten und alles anschauen, was zwischen dem „Zielstrich" und der aktuellen Lebenssituation liegt. Um das Ziel zu erreichen, müsse man dem Weg folgen, der sich so vor einem auftut.

Hier ein Beispiel: Sagen wir, das Ziel der abgebildeten Person ist es, glücklich zu sein. Die Frage lautet: Wie gelangt sie dorthin?

Hängt das Glück einer Person v. a. von der beruflichen Zufriedenheit ab, wäre das der Punkt, der auf dem Weg zum Glück auszufüllen wäre:

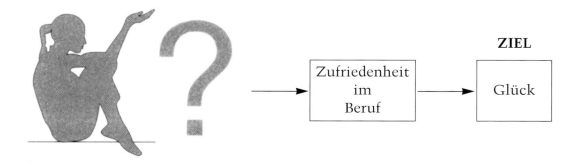

Zu klären wäre dann „nur" noch, was benötigt wird, um Zufriedenheit im Beruf herzustellen. Eine Reihe gut einzusetzender Fähigkeiten könnte da wertvoll sein:

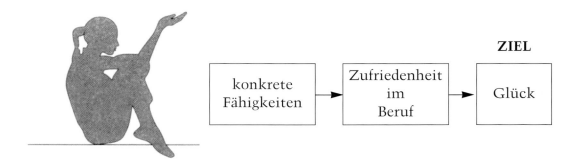

Um bestimmte Fähigkeiten zu erwerben, muss z. B. an der Universität hart gearbeitet werden; um das überhaupt tun zu können, muss das Abitur bestanden sein usw.

Auf diese Art und Weise wird eine Kette von Zwischenzielen geschaffen, um z. B. ein zentrales Lebens-Ziel zu erreichen. Um beim genannten Beispiel zu bleiben: Ein Zwischenziel wäre es, die Hausaufgaben gründlich zu erledigen, solange wir noch in der Schule sind.

LEHRERSEITE

3.3 Die ideale Lebensausrichtung

Zum Spiel:

Die SchülerInnen sollen die Vision ihrer idealen Lebenvorstellung skizzieren.

> **Allgemeine Informationen:**
>
> **Zeitdauer:** 20–25 Minuten (15 Min. für die Übung; 10 Min. für das Feedback)
> **Gruppen-/Klassengröße:** Die SchülerInnen arbeiten einzeln; Klassengröße also unbegrenzt
> **Erforderliche Materialien:** Je ein leeres Blatt Papier und einen Stift für alle SchülerInnen

Ziele:

Den SchülerInnen soll die Gelegenheit gegeben werden, nachzudenken, was sie persönlich vom Leben wollen und ob es ein letztes Ziel gibt, das alle Menschen anstreben.

Spielanleitung:

Phase 1 – Die SchülerInnen malen sich das Leben aus, das sie gerne führen würden. Ihre Vision sollen die einzelnen SchülerInnen dem Rest der Klasse mitteilen, wenn sie das wünschen; dazu verpflichtet werden soll niemand.

Die SchülerInnen zeichnen die folgende Tabelle auf ein leeres Blatt Papier:

Mein ideales Leben:

(1) Materielle Ziele	(2) Körperliche Eigenschaften	(3) Geistige Eigenschaften
(4) Beziehungen	(5) Leistungen/ Erfahrungen	(6) Umwelt

Die SchülerInnen schreiben unter jede dieser Überschriften die Dinge, die Teil ihres idealen Lebens wären. Welche materiellen Ziele (einschließlich Geld) hätten sie? Welche körperlichen Eigenschaften hätten sie gerne (Gesundheit und Aussehen)? Welche geistigen, emotionalen oder psychischen Merkmale wünschen sie sich? Welche Beziehungen hätten sie gerne? Was würden sie in ihrem Wunschleben gerne tun? Und schließlich: Wie würde die Welt um sie herum aussehen?

Gehen Sie durch die Klasse und fragen Sie die SchülerInnen, was sie zu jeder Kategorie eingetragen haben. Einiges davon kann an die Tafel geschrieben werden, sodass die SchülerInnen ihr ideales Leben mit den anderen ganz unkompliziert teilen können.

Phase 2 – Die SchülerInnen denken darüber nach, warum sie die konkreten Dinge auf ihrer Liste gewählt haben. Was schätzen sie im Leben, und wie helfen ihnen die Dinge, welche sie gewählt haben, um diese Werte zu erlangen? Durch das ZIEL-SPIEL könnten die SchülerInnen eventuell schon mit diesen Gedanken vertraut sein (vgl. Seite 31).

Fordern Sie die SchülerInnen auf, in ihrem Wunschleben Dinge zu identifizieren, die Mittel zu einem weiteren Zweck sind. Um das zu tun, sollten sie sich fragen: Warum will ich das? Was will ich dadurch gewinnen? Größer sein z. B. (unter der Kategorie *Körperliche Eigenschaften*) könnte u. a. ein Mittel sein, um Volleyball oder Basketball zu spielen; aber wofür wäre das ein Mittel? Für Gesundheit, Erfolg, Freundschaft, eine gleichmäßige Sonnenbräune etc.

Zum Schluss sollen die SchülerInnen eine Liste mit Werten oder Zielen zusammengestellt haben und diesbezüglich in der Lage sein, für die wunschgemäßen Dinge ihres idealen Lebens eine Begründung zu geben.

Phase 3 – In dieser letzten Phase sollen die SchülerInnen versuchen, die Dinge, die sie wollen – also ihre Ziele – auf so wenige wie möglich zu reduzieren.

Die SchülerInnen sollen dafür zu zweit ihre ausgefüllten Listen zur Hand nehmen und sich fragen, ob sie umfassende, abstrakte Gründe für ihre Auswahl haben: z. B. Glück, Spaß, Zufriedenheit, Respekt, Liebe, Erfolg, Gesundheit etc.

Fragen Sie die Klasse während des Feedbacks ganz am Schluss, ob die Werte aller auf einige wenige oder vielleicht auf nur einen letzten Wert reduziert werden können.

Hinweise und Tipps:

- Stellen Sie sicher, dass die SchülerInnen mit der Unterscheidung zwischen Mitteln und Zwecken vertraut sind, bevor sie mit Phase 2 beginnen.

- Eventuell wollen Sie schon nach Phase 1 enden. Eine unterhaltsame Alternative ermöglicht den Klassenmitgliedern, ihr ideales Leben miteinander zu teilen, um zu einem optimalen Leben zu gelangen: d. h. Ideale zu teilen, denen jeder in der Klasse zustimmen kann. Nachdem die SchülerInnen ein oder zwei ihrer Ideale für das Tafelbild beigetragen haben, fordern Sie die SchülerInnen auf, darüber abzustimmen, welche Dinge von der Tafel gewischt werden sollen: Stimmen drei oder vier Schüler gegen einen Gegenstand, wird er abgewischt. Was bleibt, ist ein „kleinster gemeinsamer Nenner" vom idealen Leben der konkreten Klasse.

- Machen Sie deutlich, dass „Umwelt" nicht bloß das Wetter meint, sondern die Welt um uns herum im weitesten Sinne.

Diskussionspunkte:

- Die Hauptfrage, über die die SchülerInnen nachdenken sollen, lautet: *Warum* haben sie geschrieben, was in ihrer Tabelle steht. Was werden diese Dinge ihnen zu erreichen helfen?

- Ermuntern Sie die SchülerInnen zu fragen, ob es viele Ziele gibt oder nur wenige oder vielleicht nur ein einziges letztes Ziel, auf das wir alle anderen Ziele reduzieren können.

- Stimmt die ganze Klasse über die Ziele des Lebens weitgehend überein? Einige SchülerInnen könnten eine HEDONISTISCHE Position vertreten und behaupten, dass das letzte Ziel aller Handlungen Spaß ist und dass alles was wir tun, darauf abzielt, so viel Spaß wie möglich zu haben. Andere SchülerInnen könnten darauf stoßen, dass sie mit CHARLES DARWIN oder RICHARD DAWKINS übereinstimmen, dass unser Zweck durch eine Million Jahre Evolution bestimmt ist und nur darin besteht, zu überleben, uns fortzupflanzen und uns um unsere Kinder zu kümmern, bis diese sich fortpflanzen. Weitere SchülerInnen könnten die Linie von ARISTOTELES einnehmen und argumentieren, dass es unser Ziel ist, zu gedeihen und unser volles Potential zu erfüllen, um EUDAIMONIA zu erlangen.

- Ein großer Teil der SchülerInnen könnte behaupten, dass die einzige Sache, die jeder von uns wirklich will, Spaß ist. Philosophen, die diese Sicht vertreten, werden psychologische Hedonisten genannt. Ist HEDONISMUS überhaupt sinnvoll? Sie können die SchülerInnen auffordern, über die folgenden Fragen nachzudenken:

  - Würde irgend jemand sein Leben durch ein Leben aus purem Spaß ersetzen wollen? Fragen Sie die SchülerInnen, ob sie sich in eine „Spaßmaschine" stecken würden oder sich für den Rest ihres Lebens in einen „Spaßschrank" einschließen ließen.

  - Wir können hinterfragen, ob Spaß überhaupt eine eigene QUALIA ist. Nehmen Sie z.B. das Trinken einer Tasse Tee: Ist es möglich, das separate Gefühl des Spaßes vom Gefühl ihres Geschmacks, ihrer Wärme, evtl. ihrer milchigen Süße zu trennen? Aristoteles würde sagen, dass Spaß gar kein eigenes Gefühl sei, eher „perfektioniert er die Handlung". Mit anderen Worten: Spaß sei eine Art Bewusstsein, aber kein Gefühl, das von der Handlung getrennt werden kann.

LEHRERSEITE

- Viele unserer Handlungen zielen daraufhin, Schmerz zu vermeiden – das ist überhaupt nicht identisch mit Spaß. Somit gibt es vielleicht mindestens zwei Ziele im Leben: das Streben nach Glück und das Vermeiden von Schmerz.

- Wenn Menschen immer darauf aus sind, Freude zu maximieren, warum handeln wir dann jemals selbstlos für andere Menschen? Nur, weil wir uns dann gut fühlen? Und noch weiter gedacht: Weshalb opfern Menschen ihr Leben oder ihr Glück für andere?

3.4 Moral-Fragebogen

Zum Spiel:

Der Fragebogen wurde entworfen, um das moralische Empfinden der SchülerInnen zu untersuchen. Es ist kein Vorwissen in Ethik erforderlich, und die Übung ist ein hervorragender Weg, um den Begriff der Moral in eine Klasse einzuführen.

> **Allgemeine Informationen:**
>
> **Zeitdauer:** 30–45 Minuten (15 Min. für den Fragebogen; 20–30 Min. für das Feedback)
>
> **Gruppen-/Klassengröße:** Funktioniert am besten zu zweit, kann aber als Einzel- oder Kleingruppenaufgabe genutzt werden; Klassengröße daher unbegrenzt
>
> **Erforderliche Materialien:** Kopiervorlage Moral-Fragebogen

Ziele:

Es soll der Unterschied zwischen Handlungen/Situationen erforscht werden, die wir intuitiv für *moralisch* halten, und Handlungen/Situationen, die wir für *moralisch neutral* halten.

Spielanleitung:

(1) Bitten Sie die SchülerInnen, den *Moral-Fragebogen* zu zweit auszufüllen und die Gründe für jede Entscheidung festzuhalten.
(2) Dann sollten Sie eine Feedbackrunde zu jedem Beispiel anleiten und versuchen, die Gründe darzustellen, warum einige Handlungen moralisch neutral sind und warum es andere nicht sind (siehe Tabelle auf der nächsten Seite).

Hinweise und Tipps:

■ Befragen Sie die SchülerInnen im Detail nach den Gründen, die sie angeben.

■ Es ist nützlich, sich auf die moralisch neutralen Handlungen zu konzentrieren, da diese der Klasse helfen, zu bestimmen, was eine Handlung zu einer moralischen macht (z.B. zu einer *guten* oder *bösen*). Wenn eine Handlung z.B. keine Menschen mit einbezieht, ist sie dann immer moralisch neutral? Kann sie irgendein anderes angemessenes moralisches Subjekt betreffen, wie einen Außerirdischen, Gott oder einen hochentwickelten Roboter?

■ Es könnten SchülerInnen versuchen zu behaupten – weil sie sich für besonders „erfinderisch" halten –, jedes Szenario könne gut oder böse sein, indem sie sich irgendwelche „Sonderinformationen" ausdenken. Z.B. Situation 8: *Du schießt bei einem 1:1 Unentschieden im heiß umkämpften*

3.4 Moral-Fragebogen [2 von 4]

LEHRERSEITE

Lokal-Derby das entscheidende Siegtor. Normalerweise als neutral eingestuft, könnte dies als moralisch gute Tat betrachtet werden, wenn 20 Schulkinder an einen der Torpfosten gefesselt wären und getötet würden, wenn der entscheidende Angriff nicht erfolgreich abgeschlossen werden würde!!! Sagen Sie den SchülerInnen, dass sie jedes Szenario genau so zu nehmen haben, wie es dasteht!

- Betonen Sie vor der Klasse, dass es bei allem, was die Einzelnen beurteilen, nicht darum geht, ob eine bestimmte Handlung gut oder böse ist. In der Übung geht es darum, eine noch grundlegendere Unterscheidung klar zu machen, nämlich die zwischen *moralisch neutralen* und *moralisch bedeutsamen* Handlungen. Es ist interessant und unterhaltsam für SchülerInnen, das Pro und Kontra des Ameisentötens zu diskutieren, aber Sie sollten nach den Gründen fragen, weshalb einzelne SchülerInnen meinen, eine bestimmte Handlung sei moralisch von Bedeutung oder nicht.

- Da die SchülerInnen Vorschläge machen, ist es hilfreich, die Gründe, weshalb eine Handlung moralisch neutral oder gut/böse ist, an die Tafel zu schreiben. Zwei Spalten erscheinen sinnvoll, die z.B. wie folgt aussehen könnten:

Moralische Handlungen:	**Neutrale Handlungen:**
Eine Handlung ist moralisch, wenn sie ...	*Eine Handlung ist neutral, wenn sie ...*
▪ Menschen/moralische Subjekte einschließt;	▪ Tiere/die Natur einschließt;
▪ beabsichtigt ist;	▪ zufällig ist;
▪ andere betrifft auf schädliche/nützliche Weise.	▪ andere nicht betrifft auf schädliche/nützliche Weise.

Diskussionspunkte:

- **Situationen 1, 2, 4 und 5:**
  Auf welche Weise unterscheidet sich der Mensch vom Tier oder von „Handlungen der Natur"? Betrifft das alle Menschen und zu jeder Zeit? Viele Philosophen würden sagen, dass Menschen sich von Tieren nur insofern moralisch unterscheiden, als sie zu freien und bedacht gewählten Handlungen fähig sind – sie sind MORALISCHE SUBJEKTE. Jede Kreatur, die frei und bedacht ihre Handlungen wählen kann, wird als moralisches Subjekt gezählt, vielleicht sogar so genannte Außerirdische. Die Frage ist, was als eine *freie* und *bedachte* Wahl angesehen wird. Ein weiteres Lernspiel über moralisches Subjektsein ist das Spiel 3.5: DAS DING VON PLANET Z.

- **Situation 1:**
  Welchen Unterschied macht es für unsere Urteile, ob Gott (Götter etc.) existiert? Einige Atheisten wie JOHN STUART MILL haben wie folgt argumentiert: Wenn Gott der allmächtige Schöpfer des Universums ist, dann sind

Naturkatastrophen wie Erdbeben, Dürren und Krankheiten alles Auswirkungen eines moralischen Subjektes und somit moralische Handlungen. Diese Debatte ist bekannt als das PROBLEM DES BÖSEN.

Situationen 3, 6, 10, 11, 12 und 13:
Wie wichtig ist die ursprüngliche Absicht einer Tat? Einige Philosophen argumentieren, dass es nicht das Motiv ist, sondern die Konsequenzen einer Handlung, welche diese zu einer moralischen machen. Wenn eine Handlung mit böser Absicht vollzogen wurde, aber schließlich keine Wirkung auf irgendwen hatte, würden wir sie dann als eine moralische Tat zählen? Siehe zu einer Handlung, die in Kants Theorie von der Absicht in der Ethik einführt, auch das Spiel 3.10: DIE FRAGE NACH DER ALLGEMEINGÜLTIGKEIT.

Situationen 4, 5, 6 und 7:
Was ist mit *andere betreffen* gemeint? Wir können entscheiden, dass eine moralische Handlung eine solche ist, die andere betrifft. Es hängt aber bis heute eine große Doppeldeutigkeit über dem Begriff *andere*. Einige Denker argumentieren, „andere" sollte Säugetiere oder Insekten oder pflanzliches Leben oder die Welt als Ganzes einschließen. Die Dinge am empfangenden Ende einer moralischen Handlung werden moralische Objekte genannt. In der Übung können Sie diskutieren, ob das Töten von Ameisen (oder Bakterien oder Amöben) sich vom Hasentöten unterscheidet; und wenn ja: Warum? Sie können anregen, dass „andere" sogar das eigene zukünftige Ich einschließen könnte. In diesem Fall können Sie, obwohl Sie sich etwa im Weltraum befinden und niemals irgend jemand anderen treffen werden, durch das Rauchen anfangen, eine unmoralische Handlung zu begehen, da Sie Ihr zukünftiges Ich schädigen. Siehe zu weiteren Untersuchungen über das moralische Objektsein das Spiel 3.6: GRENZE ZIEHEN.

Situation 8:
Diese ist moralisch neutral. Achten Sie jedoch auf den Kommentar zu diesem Fall unter *Hinweise und Tipps*.

Situationen 9, 10, 11, 12 und 13:
Was ist mit *Schaden* oder *Nutzen* gemeint? Das ist ein anderer großer Schauplatz der philosophischen Diskussion, v.a. da Utilitaristen behaupten, dass eine Handlung nur insofern moralisch ist, als sie Schaden oder Nutzen erzeugt. Wenn das der Fall ist, dann müssen sie in der Lage sein, diese Begriffe zu definieren, wenn sie eine haltbare Theorie aufstellen wollen. Ein Schaden kann körperlich, emotional oder psychisch sein und er kann auch beinhalten, andere um ihr Glück zu bringen. Nutzen kann ebenso körperlich oder psychisch sein. Er kann positiv sein, indem er Glück erzeugt, oder negativ, indem er Schmerz oder Schaden verhindert. Zu weiteren Problemen mit dem Utilitarismus siehe das Spiel 3.11: GESUNDHEIT ODER WOHLSTAND?

Moral-Fragebogen

Die Regierung begrüßt Sie im Ministerium für Moralisches Handeln. Wie Sie wissen, wurde diese Abteilung eingerichtet, um den moralischen Beziehungen der Nation nachzugehen. Ein ausgewähltes Komitee der Gerechten und Ungerechten wurde wegen ihres Expertenwissens um richtige und falsche Handlungen zusammengestellt.

Als Mitglied dieses Komitees ist es Ihr Auftrag, die Moralagenda für das neue Jahrtausend durch Aufteilen aller Handlungen in das Gute, das Böse und das Neutrale zu entwerfen. Kreuzen Sie nach jedem Beispiel ein Kästchen an: A, wenn es eine gute Tat ist; B, wenn es eine schlechte Tat ist; oder C, wenn die Tat moralisch neutral ist.

(1)	Ein Baum stürzt in einem Wald um und erschlägt ein niedliches Reh.	A ❏ B ❏ C ❏
(2)	Ein Killerwal spielt mit einem Seehund: Mit seiner Flosse schlägt er ihn in die Luft, mit seinen Zähnen fängt er ihn auf. Es dauert 20 Minuten, bis der Seehund qualvoll stirbt. Dann lässt der Wal ihn verwesen.	A ❏ B ❏ C ❏
(3)	Du trittst im Aufzug jemandem absichtlich auf den Fuß, gibst aber vor, es sei ein Versehen gewesen.	A ❏ B ❏ C ❏
(4)	Du vergiftest versehentlich den Hund deines Nachbarn.	A ❏ B ❏ C ❏
(5)	Du besiegst deinen Freund in einem Ameisen-töten-Wettbewerb: durch eine erfolgreiche Kombination von Bleichmittel und kochendem Wasser!	A ❏ B ❏ C ❏
(6)	An der Schule hast du dauernd einen Mitschüler „fertig" gemacht.	A ❏ B ❏ C ❏
(7)	Ein Milliardär finanziert sich eine Weltraumrakete, mit der er für immer die Erde verlässt. Keine seiner Handlungen wird jemals mehr andere Lebewesen betreffen: Könnten diese gut oder schlecht sein, oder sind sie nun alle neutral?	A ❏ B ❏ C ❏
(8)	Du schießt bei einem 1:1 Unentschieden im heiß umkämpften Lokal-Derby das entscheidende Siegtor.	A ❏ B ❏ C ❏
(9)	Ein Waisenhaus wird errichtet, um den Opfern eines Krieges in einem verarmten Land zu helfen.	A ❏ B ❏ C ❏
(10)	Ein Bauarbeiter pfeift am Straßenrand einer Frau hinterher: „Schöne Beine!"	A ❏ B ❏ C ❏
(11)	Du bleibst stehen, um einem blinden Mann über die Straße zu helfen. In deiner Sorge übersiehst du den herannahenden, nicht mehr zu stoppenden Überlandtransporter, der euch beide verletzt.	A ❏ B ❏ C ❏
(12)	Mit der Absicht, Millionen von Menschen zu töten, leitet ein Terrorist eine neue Biochemikalie in die Wasserversorgung einer Großstadt. Die Chemikalie stellt sich so verdünnt als Heilmittel gegen Krebs heraus, wodurch zahllose Leben gerettet werden.	A ❏ B ❏ C ❏

LEHRERSEITE

3.5 Das Ding von Planet Z [1 von 9]

3.5 Das Ding von Planet Z

Zum Spiel:

Diskussionsübung, die die Frage stellt: Was gibt dem Menschen seine besondere Position unter allen Lebewesen, wenn es um Ethik geht?

Allgemeine Informationen:

Zeitdauer:	40–50 Minuten (20 Min. für die Übung; 20–30 Min. für das Feedback)
Gruppen-/Klassengröße:	Gruppen mit 4–6 SchülerInnen
Erforderliche Materialien:	Kopien der 3 Schülerseiten pro Gruppe

---

Ziele:

Dieses Lernspiel soll die Diskussion von zwei konkreten Problemen anregen:

(1) das Problem, menschliche Wesen auf irgend eine ethisch verwertbare Weise zu definieren;

(2) die Begriffe der NOTWENDIGEN und HINREICHENDEN BEDINGUNGEN zu klären.

Spielanleitung:

(1) Teilen Sie die Klasse in Gruppen auf. Jedes Team stellt die Mannschaft eines Raumschiffes auf einer Mission zur Entdeckung außerirdischen Lebens dar. Jede Gruppe soll sich auf einen Namen für ihr Team einigen.

(2) Das Ziel des Spiels besteht darin, dass die Teams eine Methode entwickeln, um zu bewerten, ob ein Außerirdischer als Person behandelt und ihm daher *Menschenrechte* zugestanden werden sollen.

(3) Für die drei Phasen des Spiels gibt es Arbeitsblätter, die die SchülerInnen ausfüllen sollen.

(4) **Phase 1** – Teilen Sie die Schülerseiten 1 und 2 aus. Seite 1 umreißt die Situation, in der sich die SchülerInnen befinden; ebenso das Ziel ihrer Mission. Seite 2 enthält zu Beginn die erste Aufgabe: ein Brainstorming über Bestimmungsmöglichkeiten, ob eine bestimmte Lebensform menschenähnlich ist oder nicht. Ist der/das Außerirdische eine Person? Während dieses Brainstormings sollen die SchülerInnen darüber nachdenken, welche Merkmale den Menschen von anderen Lebewesen unterscheidet – so sehr, dass wohl die meisten Leute meinen, dass Menschen einen höheren moralischen Status haben als alle anderen Lebewesen. Wenn der/das Außerirdische Merkmale mit uns teilt, dann sollte er/es ebenfalls als Person respektiert werden. SchülerInnen könnten über Folgendes intensiver nachdenken wollen:
- Wie intelligent und emotional ist Außerirdisches?
- Ist Außerirdisches sich selbst bewusst?
- Bewegt/handelt/verhält sich Außerirdisches auf komplexe Weise?
- Hat Außerirdisches eine geistige Vorstellung von der Welt?

LEHRERSEITE

- Hat Außerirdisches Überzeugungen und Begierden?
- Ist Außerirdisches kreativ?

Die SchülerInnen müssen überlegen, wie sie solche Fragen überprüfen oder belegen können.

(5) Die SchülerInnen sollen die Fragen bzgl. der Eigenschaften, die sie für wichtig halten, in die erste Spalte des Blattes zu den Phasen 1 und 2 eintragen; z.B.: Kann Außerirdisches Schmerz spüren? Die zwei anderen Spalten sollen in dieser Phase unbeachtet bleiben.

(6) **Phase 2** – Jetzt kommt der anspruchsvollere Teil des Spiels. Die SchülerInnen müssen die Merkmale, die sie gewählt haben, genau prüfen, um zu sehen, ob diese wirklich grundlegend für die Feststellung sind, ob ein Lebewesen eine Person ist und man ihr eine spezielle moralische Behandlung schuldet.

(7) Die SchülerInnen sollen jedes Merkmal der Reihe nach durchgehen. Sie sollen einen ersten Test anwenden durch die Frage: Fällt dir ein Mensch ein, der dieses Merkmal nicht aufweist? Wenn ja, ist dies in die zweite Spalte der schon begonnenen Tabelle einzutragen. Es folgt je die Überlegung, ob dieses Merkmal unter die letzten drei entscheidenden Eigenschaften aufzunehmen ist. Dieser erste Test zeigt, ob ein bestimmtes Merkmal eine NOTWENDIGE BEDINGUNG für das Mensch-Sein ist.

(8) Dann sollen die SchülerInnen einen zweiten Test anwenden: Fällt dir ein Nicht-Mensch ein, der dieses Merkmal besitzt? Wenn ja, soll das Beispiel in die dritte Spalte eingetragen werden. Wiederum folgt die Überlegung, ob das Merkmal in die letzten ausgewählten Eigenschaften aufgenommen werden soll. Dieser zweite Test zeigt, ob ein bestimmtes Merkmal eine HINREICHENDE BEDINGUNG für das Mensch-Sein ist.

(9) **Phase 3** – Schließlich sollen die SchülerInnen die drei Merkmale auswählen, die ein Lebewesen am besten als eine Person definieren oder identifizieren (Schülerseite 3). Die Missionskontrolle der Vereinten Nationen (MKVN) (z.B. die LehrerInnen oder ein SchülerInnen-Team) wird den Gebrauchswert der Eigenschaften beurteilen und einen Gewinner erklären.

Hinweise und Tipps:

- Lesen Sie den *Philosophischen Hintergrund* am Ende dieses Lernspiels für die Details über die Unterscheidung zwischen NOTWENDIGEN und HINREICHENDEN BEDINGUNGEN.

- Die Gruppen dürften etwa 20 Minuten und etwas Hilfe benötigen, abhängig von ihrer Vertrautheit mit dieser Art von Aufgabe. Das Wettbewerbselement wird mit den Urteilen über die Qualität des Endergebnisses vorsichtig ausbalanciert werden müssen. Geben Sie MKVN-Formulare zurück, wenn sie die Erwartungen nicht erfüllen, und warnen Sie die Gruppen, die Qualität nicht der Schnelligkeit zu opfern!

- Hier einige weitere Impulsfragen, falls Gruppen steckenbleiben:

  - Macht Außerirdisches sich jemals Sorgen oder ist deprimiert?
  - Versteht Außerirdisches die Vorstellung vom Tod?

- Hat Außerirdisches ein Bewusstsein für Kunst/Literatur/Musik?
- Kann Außerirdisches kommunizieren?
- Wie weit ist die Vorstellung von der sie umgebenden Welt entwickelt?

■ Es ist möglich, dass einige Gruppen selbst nach 20 Minuten noch keine klaren Antworten gefunden haben. Doch wie immer das Ergebnis auch aussieht, die Fragen zu diskutieren und sie der Analyse und Auswahl zu unterziehen, sollte fruchtbar sein.

Diskussionspunkte:

■ Der erste Aspekt dieser Übung ist, dass die SchülerInnen darüber nachdenken, was etwas zu einem MORALISCHEN SUBJEKT oder einer Person macht. Welche Merkmale muss ein Lebewesen haben, damit es in den Status einer Person erhoben werden kann, der bestimmte Rechte zukommen?

■ Eine Möglichkeit, dass SchülerInnen sich der Frage der Rechts-Würdigkeit zuwenden können, ist es, zu überlegen, was sie selbst tun müssten, um einen Außerirdischen von seinen eigenen moralischen Rechten zu überzeugen. Und wie könnte ein Außerirdischer, der vermutlich durch die Begegnung ebenso verwundert wäre wie wir, feststellen, ob wir Personen wären?

■ Der zweite Aspekt dieser Übung ist es, dass die SchülerInnen überlegen, ob es möglich ist, eine Person zu definieren, indem man NOTWENDIGE und HINREICHENDE BEDINGUNGEN für sie einführt. Für einen vagen Begriff wie dem der Person könnte das schwierig sein. Eine konkret menschliche Person zu definieren, wäre einfacher. Hier könnte aber das Problem entstehen, dass eigentlich moralisch irrelevante Merkmale herauszunehmen wären, wie z. B. den DNA-Typ. Oder braucht man vielleicht nur eine menschliche DNA zu besitzen, um gleichsam eine Person zu sein?

■ Wie einfach ist es wirklich, das *menschliche* Wesen zu definieren? Diesbezüglich scheint es aussagekräftig zu sein, dass Kleinkinder und Menschen jeglichen Alters unter allen Umständen an lebenserhaltende Maschinen angeschlossen werden, Tiere aber nicht. Oder konzentriert sich die Frage auf physische Kennzeichen wie die Anzahl der Chromosomen, die ethisch eigentlich bedeutungslos erscheinen?

■ Wenn die Eigenschaften, die die SchülerInnen ausgewählt haben, zu allgemein sind – z. B. die Frage nach der Intelligenz – dann wäre es möglich, dass der Außerirdische bloß irgendeine Art Computer oder Roboter sein musste: Sollte er in diesem Fall nicht auch wie ein solcher behandelt werden? Oder der Außerirdische könnte ein Tier sein oder eine sehr neue oder sehr dumme menschenähnliche Kreatur. Wie sollte er in diesen Fällen behandelt werden?

■ Warum behandeln wir Menschen in der Regel moralisch auf andere Weise als andere Spezies? Diese Frage ist grundlegend für jede Diskussion über Tierrechte, und es ist schwer zu sagen, warum insbesondere Menschen irgendwelche speziellen moralischen Privilegien haben sollten. Wenn wir ethische Grenzen zwischen Spezies ziehen: Was sind unsere Gründe dafür? Beinhalten irgendwelche der Kriterien, die die SchülerInnen aufgelistet haben, irgendeine Art moralischer Lizenz? Für einige Philosophen ist die Tatsache, dass ein Organismus Bewusstsein hat oder Schmerz fühlen kann, ausreichend, um mit dem selben Respekt behandelt zu werden, wie ein menschliches Wesen (diese Frage wird ganz speziell in dem Spiel 3.6: GRENZE ZIEHEN gestellt).

- Kann eines der aufgestellten Kriterien in nichtorganische oder mechanische Kreaturen hineinkopiert werden? – Der Film *Bladerunner* behandelt diesen Aspekt *künstlicher Intelligenz* auf faszinierende Weise. Stellen Sie sich vor, wir könnten Computer entwickeln, die ebenso intelligent wie Menschen werden und auf eine uns sehr ähnliche Weise sprechen und handeln. Sollten wir dann nach weiteren Kriterien suchen, die unseren speziellen moralischen Status bewahren und uns von Computern abheben, wie etwa *warmblütig* oder *frei*? Oder sollten wir anfangen, sie als eine Art Ehrenmenschen zu behandeln – vielleicht als Folge des Drucks der Computerrechts-Bewegung?

Philosophischer Hintergrund:

Die Übung kann genutzt werden, um die Schwierigkeit der exakten Definition eines Begriffs nachzuvollziehen. Es kann bei der Definition von etwas mehrere Elemente geben; Philosophen benutzen die Vorstellung von NOTWENDIGEN und HINREICHENDEN BEDINGUNGEN, um diese zu definierenden Besonderheiten auszudrücken. Um das klarer zu machen, sollten wir uns als Beispiel etwas anschauen, das leicht zu definieren ist: ein Dreieck. Wir wollen die notwendigen und hinreichenden Bedingungen eines Dreiecks kennen lernen; mit anderen Worten: die Besonderheiten, die eine Fläche haben muss, um als Dreieck zu gelten.

Nehmen wir die Idee von einer NOTWENDIGEN BEDINGUNG. Wenn wir an alle Dreiecke denken, nehmen wir wahr, dass jedes Dreieck drei Seiten hat. Also muss die Fläche, die wir Dreieck nennen, die Besonderheit besitzen, drei Seiten zu haben, wenn sie als Dreieck gelten soll. Um das zu testen, können wir überlegen, ob es irgendwelche Beispiele für Dreiecke gibt, die keine drei Seiten haben (das entspricht der Aufgabe der zweiten Spalte in der Tabelle der Schülerseite). Natürlich gibt es keine Beispiele für Dreiecke, die keine drei Seiten haben. Mit anderen Worten: Es ist ein *notwendiges* Element für ein Dreieck, drei Seiten zu haben. Wir können die Idee einer notwendigen Bedingung ausdrücken, indem wir sagen:

> Nur, wenn etwas drei Seiten hat, *dann* ist es ein Dreieck.

Mithilfe der zweiten Spalte der Tabelle wird überprüft, ob eine Besonderheit eine notwendige Bedingung für das Menschsein ist. Ist *Bewusstsein* eine notwendige Besonderheit des Menschseins? Das könnte man meinen. Doch was ist dann mit Leuten, die k. o. geschlagen wurden oder schlafen oder im Koma liegen – haben sie aufgehört, Menschen zu sein? Ein besserer Weg, diese Besonderheit auszudrücken, ist vielleicht zu sagen: die Anlage zum Bewusstsein haben. Ist dieses verfeinerte Kriterium eine notwendige Bedingung? – Wie wir oben gesehen haben, brauchen wir nur darüber nachzudenken, ob Menschen diese Qualität verlieren können; wenn uns niemand einfällt, dann ist die Anlage zum Bewusstsein eine notwendige Bedingung dafür, ein Mensch zu sein.

Wir haben gesehen, dass es eine der Besonderheiten eines Dreiecks ist, drei Seiten zu haben. Aber ist das ausreichend, um ein Dreieck vollständig zu definieren? Um das herauszufinden, müssen wir an andere Dinge denken, die drei Seiten haben, aber keine Dreiecke sind:

 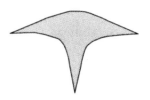 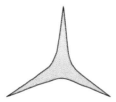

Also ist die Tatsache, drei Seiten zu haben, nicht genug, um eine Fläche oder einen Gegenstand als Dreieck zu definieren. Wir brauchen weitere Bedingungen. Wenden wir uns jetzt dem Gedanken der HINREICHENDEN BEDINGUNG zu.

Wenn wir das Beispiel des Dreiecks fortführen, können wir unser Kriterium verfeinern, um aus ihm eine hinreichende Bedingung zu machen: drei *gerade* Seiten haben. Wir können das prüfen, indem wir überlegen, ob es irgendwelche Beispiele von Nicht-Dreiecken gibt, die drei gerade Seiten haben. Es gibt keine solchen Beispiele und wir können daraus schließen: Wenn eine Fläche drei gerade Seiten hat, dann ist das für uns die hinreichende Garantie, dass es ein Dreieck ist. Wir könne die Idee von der HINREICHENDEN BEDINGUNG ausdrücken, indem wir sagen:

> Wenn eine Fläche drei gerade Seiten hat, *dann* ist sie ein Dreieck.

Das entspricht der Aufgabe der dritten Spalte der Tabelle. Nehmen Sie eines der Kriterien, auf das die SchülerInnen beim Brainstorming gekommen sind; z. B.: die Anlage zum Bewusstsein haben. Wenn es nun möglich ist, an einen Nicht-Menschen zu denken, der ebenfalls diese besondere Qualität besitzt (Hunde vielleicht), dann ist diese Qualität an sich nicht genug, um etwas als menschlich zu definieren (philosophischer Fachausdruck: es ist nicht *hinreichend*). Einige Psychologen und Philosophen haben gedacht, dass *Selbstbewusstsein* eine hinreichende Bedingung für das Menschsein sei, weil sie behaupteten, dass Tiere sich nicht ihrer selbst bewusst seien. Das ist jedoch strittig angesichts der Reaktion, die Delfine, Zwergschimpansen usw. auf ihre Spiegelbilder zeigen.

LEHRERSEITE

In logischen Begriffen sind die zu definierenden Besonderheiten solche, die sowohl *notwendig* als auch *hinreichend* sind, und das wird durch das Kombinieren von „wenn" und „nur wenn" ausgedrückt:

> *Wenn*, und *nur wenn* eine Fläche drei gerade Seiten hat,
> *dann* ist sie ein Dreieck.

SCHÜLERSEITE

Das Ding von Planet Z

Keine unmögliche, aber eine ziemlich schwierige Mission ...

18 Monate ist es her, dass du eine Million Lichtjahre entfernt mit deinen Besatzungsmitgliedern zu der Mission aufgebrochen bist, intelligentes Leben in einer andern Galaxie zu finden. Kürzliche Meldungen der Missionskontrolle der Vereinten Nationen (MKVN) deuten an, dass ein außerirdisches Wesen auf Planet Z entdeckt worden ist.

Die Firma, die dich beschäftigt, SolarTech, ist kein Risiko eingegangen und hat mehrere andere Besatzungen auf dieselbe Mission geschickt. Eure Jobs sind in Gefahr, da rivalisierende Raumschiffe sich Planet Z nähern. Wer wird als Erstes Kontakt mit der neuen Lebensform aufnehmen und sie für die Nutzung durch SolarTech sichern? Es liegt an Dir!

Verflixt nochmal! Was ist das denn für ein Ding?

MKVN hat formell ersucht, dass jede Mannschaft einen konkreten Bericht über die entdeckte Lebensform zurücksenden muss. Du musst feststellen, ob dieses Außerirdische hinreichend menschenähnlich ist, um bezüglich der Menschenrechte behandelt zu werden wie eine menschliche Person.

Wenn der oder das Außerirdische sich lediglich als eine Art kosmisches Gemüse herausstellt, dann hat SolarTech die Erlaubnis, es zu essen, anzubauen und mit ihm zu experimentieren, wie es möchte. Wenn es jedoch ebenso komplex ist wie eine menschliche Person, dann müssen SolarTech und jeder andere sein Leben und seine Autonomie respektieren. Mit anderen Worten: Es liegt an dir und deiner Mannschaft herauszufinden, welchen Platz dieser oder dieses Außerirdische in unserem Moralsystem bekommen soll!

Deine Mission: *Du musst dich für drei Eigenschaften entscheiden, die sich zur Identifizierung eignen, ob der/das Außerirdische als menschengleiche Person anerkannt werden soll. Diese drei Eigenschaften werden an die MKVN übermittelt. Die erste Mannschaft, die drei sinnvoll verwertbare Impuls-Fragen an die Missionskontrolle weiterleitet, wird von SolarTech großzügig belohnt.*

SCHÜLERSEITE

Phase 1: Brainstorming (Spalte 1)

Wie können wir feststellen, ob das Außerirdische, das wir gefunden haben, dem Menschen hinreichend ähnlich ist? Nach welchen Merkmalen sollten wir Ausschau halten? Die Besatzungsmitglieder sollen sich so viele Merkmale wie möglich überlegen, z. B.: Kann es kommunizieren? Wechselt euch ab beim Nachdenken über die Merkmale – richtet euch in dieser Phase auf Quantität aus, kritisiert nicht oder versucht vorerst nicht auszusondern. Schreibt die Fragen in die erste Spalte der Tabelle; übergeht im Moment die zwei anderen Spalten.

Startvorschläge:

- *Intelligenz?* Die Frage wäre allgemein gestellt zu vage: Wie können wir erkennen, ob etwas intelligent ist?
- *Schmerzempfindlichkeit?* Auch das sollte spezifischer gefasst werden: Wie können wir erkennen, ob etwas Schmerz fühlt?

Phase 2: Testphase (Spalten 2 und 3)

Fragen	Fällt dir ein Mensch ein, der dieses Merkmal *nicht* besitzt?	Fällt dir ein Nicht-Mensch ein, der diese Merkmal besitzt?
Ist es intelligent? Wie finden wir das heraus?		
Kann es Schmerz fühlen? Wie finden wir das heraus?		

In der Testphase sollt ihr aus euren Fragen jene drei Merkmale auswählen, von denen ihr denkt, dass sie Außerirdische am besten als menschengleiche Personen identifizieren helfen. Geht jede der Fragen durch, die ihr niedergeschrieben habt, und prüft, ob es wirklich nützliche Fragen sind. Dafür stehen euch die Spalten 2 und 3 der vorangegangenen Tabelle zur Verfügung.

Befragt jedes der Merkmale:

(1) Fallen euch Beispiele von Menschen ein, denen diese Qualität oder Eigenschaft fehlt? Wenn ja, schreibt diese Beispiele in die zweite Spalte der Tabelle.
(2) Fallen euch Beispiele von Nicht-Menschen ein, welche diese Qualität oder Eigenschaft haben? Schreibt sie in die dritte Spalte der Tabelle.

Phase 3: Benenne drei entscheidende Merkmale!

Die Gewinnerfragen werden solche sein, die Merkmale oder Qualitäten bestimmen helfen, die *alle* Menschen haben und die *nur* Menschen haben. Solche Fragen zu finden ist sehr schwierig: Strengt euch also an, die bestmöglichen Fragen zu finden!

Wenn ihr euch entschieden habt, tragt eure Fragen in das Formblatt zur Übermittlung an die MKVN ein.

MKVN-Untersuchung über Leben auf Planet Z

Wir, die Unterzeichnenden, würden folgende Fragen untersuchen, um zu beurteilen, ob die Lebensform auf Planet Z hinreichend „menschlich" ist, um ihr Menschenrechte zu gewähren:

(a) ....

(b) ....

(c) ....

Unterschriften: ....

Die Besatzung des Raumschiffs: ....

3.6 Grenze ziehen

Zum Spiel:

Diese Übung stellt die Frage: Wo ziehen wir die Grenze, wenn es darum geht, bestimmte Lebewesen zu verletzen/verletzen zu „müssen"?

> **Allgemeine Informationen:**
>
> **Zeitdauer:** 20–25 Minuten (15 Min. für die Übung; 10 Min. für das Feedback)
> **Gruppen-/Klassengröße:** 1–3 SchülerInnen; Klassengröße unbegrenzt
> **Erforderliche Materialien:** Arbeitsblatt für alle SchülerInnen

Ziele:

Die SchülerInnen sollen verstehen lernen, wer bzw. was MORALISCHE OBJEKTE sind. Dabei sollen sie Logik und Unlogik ihrer eigenen Gefühle und Gedanken kennen lernen, wenn es darum geht, Argumentations- bzw. Entscheidungsmuster zu entwickeln, ob und wann man andere Lebewesen verletzen oder zerstören darf.

Spielanleitung:

(1) Teilen Sie die Arbeitsblätter aus.
(2) Die SchülerInnen sollen ein Kästchen in der Tabelle ankreuzen, wenn sie meinen, die angegebene Handlung sei moralisch falsch. Wenn sie meinen, eine Handlung sei moralisch erlaubt oder neutral, sollen sie das Kästchen offen lassen.
(3) Wenn die SchülerInnen meinen, dass eine moralische Beurteilung von der Situation abhängt, dann soll das im Kästchen kurz vermerkt werden („situationsbedingt" etc.). Die SchülerInnen sollen vorbereitet sein, ihre Entscheidung später zu rechtfertigen.
(4) Wenn die SchülerInnen mit dem Ausfüllen der Kästchen fertig sind, sollen sie zu zweit diskutieren, ob in der eigenen Entscheidungsfindung ein Argumentationsmuster sichtbar geworden ist und ob es Gründe für dieses Muster gibt.

Hinweise und Tipps:

- Die SchülerInnen darauf aufmerksam machen, dass sich die erste Spalte auf die eigene Person bezieht. Indirekt kommt damit die „Goldene Regel" ins Spiel.
- Sie SchülerInnen ermuntern, darauf zu achten, ob es eine Beziehung gibt zwischen dem Ausmaß des verursachten Schmerzes und der Art des Lebewesens, bei dem dieser verursacht wird.
- Argumentations- bzw. Entscheidungsmuster könnten sein:
  - Je weniger ein Lebewesen menschenähnlich ist, desto zulässiger könnte es sein, Schmerzen zuzufügen.

- Es ist erlaubt, bei den Lebewesen Schmerz zu verursachen, die ihrer selbst nicht bewusst sind.
- Es ist nicht erlaubt, irgendwem oder irgendetwas willentlich Schmerz zuzufügen, wenn nicht eine besondere Begründung vorliegt.

■ Fordern Sie die SchülerInnen auf, Anomalien ihrer Entscheidungsmuster aufzugreifen und Begründungen für ihre Abweichungen anzugeben. Sie könnten z. B. denken, es sei erlaubt, einen Fetus abzutreiben, nicht aber, ein Kind zu töten, falls dies ihre Lebensqualität mindert. Doch können die SchülerInnen auch stichhaltig erklären, warum Abtreibung gegenüber Kindermord moralisch zu rechtfertigen wäre?

■ Sie können die Beispiele auf dem Arbeitsblatt selbstverständlich ergänzen, z. B. durch: Menschen im Koma; Menschen, denen jede AUTONOMIE oder Subjektivität fehlt (Hirngeschädigte etc.); Außerirdische (passt zum Spiel 3.5: DAS DING VON PLANET Z); einen hochentwickelten Computer; ein Lieblingstier.

Diskussionspunkte

■ Ein MORALISCHES OBJEKT ist alles, was Empfänger einer moralischen Handlung sein kann, doch die Meinungen variieren stark, wie weit sich der Begriff des „moralischen Objekts" strecken lässt. Die meisten Menschen würden wohl zustimmen, dass Steine oder andere unbelebte Naturobjekte keine moralischen Objekte sind: Wir können alles mit ihnen tun, ohne etwas moralisch falsch zu machen. – Doch sind Pflanzen, Insekten, andere Tiere moralische Objekte? Die Frage lautet: Wo ziehen wir die Grenze? Wonach entscheiden wir, ob etwas ein moralisches Objekt ist oder nicht?

■ Es gibt zahlreiche Fragen, die Sie den SchülerInnen am Ende der Übung stellen können: Haben sie ein Entscheidungs- bzw. Argumentationsmuster gefunden? Wenn nicht, warum nicht? Ist es bloß Willkür, wem wir Schmerz zufügen dürfen und wem nicht? Wenn ein Muster gefunden wurde: Gibt es einen Grund für dieses Muster? Basiert das, was für uns als moralisches Objekt zählt, nur auf individuellem Geschmack und Vorlieben (was eine Furcht erregende Schlussfolgerung wäre)? Welche Abweichungen gibt es? Und welche Gründe gibt es dafür?

■ An dieser Übung verblüfft, wie unterschiedlich und willkürlich die SchülerInnenantworten sein können. Einige SchülerInnen werden ihre Entscheidung darauf gründen, wie selten oder häufig bestimmte Lebewesen heute noch sind; andere darauf, wie menschenähnlich Lebewesen sind; wieder andere darauf, wie kuschelig oder süß Lebewesen sind!

■ Auffällig ist weiterhin, dass die SchülerInnen erfahrungsgemäß den Menschen über allen anderen Lebewesen achten. Viele Philosophen, unter ihnen PETER SINGER, haben das als SPEZIESISMUS betrachtet: eine Form von Vorurteil, verwandt mit Rassismus oder Sexismus etc. Sie sollten die Schü-

LEHRERSEITE

3.6 Grenze ziehen [3 von 4]

lerInnen fragen, welche guten Gründe es gibt, Menschen besondere Privilegien zuzugestehen. JEREMY BENTHAM formulierte, dass nicht wichtig ist, ob ein Lebewesen denken, sondern ob es Schmerz fühlen kann.

- Diese Übung dürfte die Zusammenhanglosigkeit und Widersprüchlichkeit alltäglicher Moralvorstellungen verdeutlichen. Auch die SchülerInnen der gymnasialen Oberstufe sind erfahrungsgemäß bei weitem nicht in der Lage, eindeutige Argumentations- und Entscheidungsmuster zu entwickeln, wenn es um die Frage geht, ob und wann Lebewesen zu verletzten oder zu zerstören sind und wann nicht.

SCHÜLERSEITE

Grenze ziehen

Kreuze ein Kästchen an, wenn es immer bzw. meistens falsch ist, diese Tat zu tun:	Leben verändernde Entscheidungen an seiner Stelle treffen:	Es zerstören oder töten, da es deine Lebensqualität mindert:	Es besitzen oder ihm ohne triftigen Grund die Freiheit entziehen:	Es zerstören oder töten, um es zu essen oder Teile davon zu benutzen:	Schädigende Experimente an ihm durchführen:	Es zu deinem eigenen Vergnügen verletzen:	Es ohne wichtigen Grund zerstören oder töten:
dir selbst							
einem Erwachsenen							
einem Kind							
einem 16 Wochen alten Fetus							
einem Schimpansen							
einem Wal							
einem Hasen							
einer Ameise							
einer Pflanze							
einem schönen Strand							

LEHRERSEITE

3.7 Moralische Dilemmata

Zum Spiel:

Die SchülerInnen müssen, durch Begründungen gestützt, moralische Urteile in einer Reihe von heiklen Situationen fällen.

> **Allgemeine Informationen:**
>
> **Zeitdauer:** Abhängig von der Anzahl der zu diskutierenden Fragen
> **Gruppen-/Klassengröße:** 2–6 SchülerInnen; Klassengröße unbegrenzt
> **Erforderliche Materialien:** Kopien der 3 Arbeitsblätter für alle SchülerInnen

Ziele:

Die SchülerInnen sollen befähigt werden, zuvor Gelerntes über ethische Theorien auf konkrete Beispiele anzuwenden und daraufhin vernünftige ethische Urteile zu fällen.

Spielanleitung:

Die Dilemmata können auf verschiedene Weise behandelt werden; hier sind zwei Vorschläge:

(1) Teilen Sie die Klasse in Gruppen ein und fordern Sie jede Gruppe auf, für jede Dilemma-Geschichte zu einer Lösung zu gelangen. Während des Feedbacks in der Klasse müssen die Gruppen dann ihre Antworten begründen.

(2) Teilen Sie die Klasse in verschiedene Gruppen auf und bitten Sie jede Gruppe, ein Dilemma aus je anderen ethischen Perspektiven zu lösen. Eine Gruppe könnte z. B. die christliche Position einnehmen, eine andere utilitaristisch denken, eine weitere Gruppe kantianisch, schließlich kann ein Urteil gemäß der „moralischen Mehrheit" gefällt werden, wie sie sich in einer Boulevardzeitung widerspiegeln könnte. Letzteres wäre das Gegenteil einer vernünftigen, kritisch-philosophischen Beurteilung. Die Gruppe kann zeigen, wie einige Zeitungen Übertreibung und Hysterie nutzen, um (vor-)schnelle Urteile zu provozieren. Die ganze Klasse hat je zu entscheiden, ob eine Gruppe das Dilemma korrekt in Übereinstimmung mit der ethischen Position lösen konnte, die sie übernommen hatte. Weitere Ideen für Gruppen könnten sein: muslimische, buddhistische, aristotelische, anarchistische, humanistische oder existentialistische Denkweisen (vorgeschlagene Antworten siehe unter *Diskussionspunkte*).

Hinweise und Tipps:

- Die vorgegebenen Situationen sind Ansporn für die einzelnen Gruppendiskussionen und bieten immer die Möglichkeit für ein reflektierendes Gespräch der ganzen Klasse. Wenn Sie eine ruhige Stunde der Gruppenarbeit vorziehen, können Sie den SchülerInnen die Fragen zum individuellen Nachdenken geben – doch Sie sollten auch hier auf eine Diskussion nach der Stillarbeitsphase vorbereitet sein bzw. diese nach Möglichkeit mit einplanen.

- Die Dilemma-Geschichten sind absichtlich übertrieben und höchst unwahrscheinlich, aber darin eben besonders anschaulich. Die SchülerInnen sollen sich also nicht an unnötigen Details festbeißen, wenn sie nicht ethisch relevant sind. Vielmehr geht es darum, ein begründendes Abwägen in konkreten Situationen zu lernen.

Diskussionspunkte:

Anmerkung: Wir bieten nur einzelne mögliche Antworten an, die nicht als die aktuellen und letztgültigen Ansichten von Christen, Kantianern etc. verstanden sein sollen.

- **Situation 1** ist ein klassischer Test utilitaristischer Werte: *Sind vier Leben mehr wert als ein Leben?* Wenn ja: Kann der Utilitarismus rechtfertigen, ein Leben zu nehmen, um vier zu retten? Die Situation stellt auch die Frage der freiwilligen Euthanasie: Sollen wir die AUTONOMIE von Menschen soweit respektieren, dass wir ihnen erlauben, sich ihr eigenes Leben zu nehmen, wenn damit anderen geholfen wird? Würden sich die Antworten der SchülerInnen ändern, wenn der junge Mann an einer tödlichen Krankheit gelitten oder Selbstmord hätte begehen wollen? Hier wird oft das so genannte DAMMBRUCHARGUMENT bemüht: Wenn wir freiwillige Euthanasie zulassen, wo wird das Töten dann enden?

Christliche Sichtweise:	Nein:	Nur Gott hat das Recht, Leben zu geben und zu nehmen; mit gewissen Ausnahmen wie z. B. dem Tyrannenmord.
Kantianische Sichtweise:	Nein:	Jedes Leben sollte als Zweck in sich gesehen werden und nicht als Mittel, um andere Leben zu retten.
Utilitaristische Sichtweise:	Ja:	Im Sinne der Nützlichkeit und der Gewinnmaximierung des Lebens würde ein klassischer Utilitarist für die fünf Leben entscheiden.
Die Boulevardzeitung:	Nein:	**„Fünf Transplantationen und ein Todesfall – stoppt diesen Todesarzt!"**

3.7 Moralische Dilemmata [3 von 9]

LEHRERSEITE

■ **Situation 2** zeigt Schwierigkeiten mit absoluten und DEONTOLOGISCHEN Regeln und Verpflichtungen: *Welchen Wert haben Versprechen, wenn sie schnell gebrochen werden?* Haben wir Verpflichtungen den Toten gegenüber? Wie würden wir uns fühlen, wenn wir wüssten, dass unser letzter Wille nicht respektiert werden würde?

Christliche Sichtweise:	Ja:	Wir sollen die Wünsche unserer Familie respektieren, besonders die unserer Eltern. Geld sollte dabei nicht die entscheidende Rolle spielen.
Kantianische Sichtweise:	Ja:	Wenn wir Versprechen nicht hielten, würden sie praktisch nicht existieren. Wir haben also die Pflicht, sie zu halten.
Utilitaristische Sichtweise:	Nein:	Für einen Handlungsutilitaristen dürfte das Geld besser einem Wohltätigkeitsverein oder allem gegeben werden, was möglichst vielen Menschen nützt.
	Ja:	Für einen Regelutilitaristen sollte jeder seine Versprechen halten: Alle wären glücklicher.
Die Boulevardzeitung	**Ja:**	**„Dein Wille geschehe!"**

■ **Situation 3** zeigt den Unterschied zwischen HANDLUNGEN UND UNTERLASSUNGEN: *Gibt es einen moralischen Unterschied, jemanden zu töten oder jemanden sterben zu lassen?* In diesem Fall sind die Folgen ungefähr dieselben: jeweils eine Person stirbt. Der HANDLUNGSUTILITARIST könnte anders denken, indem er den relativen Wert des Lebens des Babys gegen das des Landstreichers abwägt. Der REGELUTILITARIST könnte die Folgen bedenken, die es mit sich bringt, wenn man der Regel folgt: „Gelegentlich kann es moralisch erlaubt sein, Menschen zu töten."

Christliche Sichtweise:	Nein:	Die Weiche zu verändern würde bedeuten, jemanden aktiv zu töten; sie zu lassen wie sie ist heißt, dem Geschehen seinen natürlichen Lauf zu lassen.
Kantianische Sichtweise:	Nein:	Wir haben die Pflicht, nicht zu töten. Daher ist in diesem Fall das Unterlassen einer Handlung das bessere von zwei Übeln.
Utilitaristische Sichtweise:	Ja:	Ein Utilitarist könnte das Leben des Babys wegen seines potentiellen zukünftigen Lebensglücks und -nutzens als wertvoller betrachten als das des Landstreichers, der als wenig nützlich für die Gesellschaft wahrgenommen wird.
Die Boulevardzeitung:	**Ja:**	**„Lokalheld! Augenzeuge trifft mutige Entscheidung und rettet ein Baby"**

LEHRERSEITE

3.7 Moralische Dilemmata **[4 von 9]**

■ **Situation 4** macht ebenfalls die Unterscheidung zwischen Handlungen und Unterlassungen, aber in extremerer Form: *Was ist schlimmer: durch unterlassenes Handeln einen großen Schaden oder durch aktives Eingreifen einen vermeintlich kleineren Schaden zu verursachen?* Sie stellt auch die Frage, ob die Ziele einer Handlung die Methode rechtfertigen, mit der sie erreicht werden (siehe auch unter Situation 5). Es könnte eine weitere Frage geben: Wenn ich den Gefangenen töte, welche Auswirkung wird das auf den Rest meines Lebens haben?

Christliche Sichtweise:	Nein:	Jedes menschliche Leben ist heilig, und es steht dem Menschen nicht zu, darüber zu urteilen, wer leben darf und wer nicht.
Kantianische Sichtweise:	Nein:	Wir stehen in der Pflicht, nicht zu töten. Wir können die Regel „töte niemals" verallgemeinern.
Utilitaristische Sichtweise:	Ja:	Wir sollten *einen* Gefangenen töten, um das Unglück zu minimieren und dem Leben der anderen Gefangenen zu dienen.
Die Boulevardzeitung:	**Nein:**	**„Kranker Deutscher bringt Schande über unsere Nation!"**

■ **Situation 5** stellt vor allem die Frage: *Rechtfertigt das Ziel die Mittel?* Sollten Gerechtigkeit, Gleichheit oder Nützlichkeit um jeden Preis erreicht werden? Was wären die Folgen, Diebe des Typs „Robin Hood" in ihrem Tun zu ermuntern, Wohlstand tatsächlich umzuverteilen? Eine weitere Frage ist wiederum die nach Handlungen und Unterlassungen: Haben wir als BürgerInnen die Pflicht, Verbrechen grundsätzlich zu melden, oder sollten wir sie mitunter decken, wenn dadurch Gutes getan wird?

Christliche Sichtweise:	Ja:	Stehlen widerspricht grundsätzlich Gottes Geboten.
Kantianische Sichtweise:	Ja:	Wir haben die Pflicht, Eigentum anderer zu achten.
Utilitaristische Sichtweise:	Nein:	Für einen Handlungsutilitaristen ist es am Nützlichsten, wenn das Geld denen gegeben wird, die es nötig brauchen.
	Ja:	Für einen Regelutilitaristen lebt eine Gesellschaft glücklicher, wenn wir allgemeingültige Regeln über Besitz und Eigentum achten.
Die Boulevardzeitung	**Ja:**	**„Aufrichtiger Bürger durchkreuzt bösen Plan moderner Robin Hoods!"**

LEHRERSEITE

3.7 Moralische Dilemmata [5 von 9]

▪ **Situation 6** handelt (wie Situation 2) vom Versprechenhalten: *Haben wir die Pflicht bzw. ist es wirklich von Bedeutung, auch alberne Versprechen zu halten?*

Christliche Sichtweise:	Ja:	Wenn wir jemandem einmal ein Versprechen gegeben haben, sollten wir es auch halten, selbst wenn der Sachverhalt nicht ganz so wichtig ist.
Kantianische Sichtweise:	Ja:	Wir haben die Pflicht, Versprechen einzuhalten. Wenn jeder Versprechen einfach bräche, dann würde sie niemand mehr geben.
Utilitaristische Sichtweise:	Nein:	Es wäre absurd, den Garten zu zerstören und all das Bier zu verschwenden, das z. B. gut einer lokalen Wohlfahrtsorganisation für eine Tombola gespendet werden könnte.
Die Boulevardzeitung:	**Nein:**	**„Sei kein Narr! Bier nicht für den Garten!"**

▪ **In Situation 7** müssen die SchülerInnen zwischen verschiedenen Übeln wählen; sie ist eine überspitzte Version vieler moralischer Dilemmata: *Kann es gut oder besser sein, in bestimmten Situationen schlicht nichts zu tun?* U. a. wirft das wieder den Unterschied zwischen Handlung und Unterlassung auf. Wenn wir Entscheidungen treffen müssen: Wie bewerten wir dann die verschiedenen Leben, die auf dem Spiel stehen?

Christliche Sichtweise:	(d)	Nur Gott kann Leben geben, und nur Gott kann es nehmen. Diese besondere Lage stellt keine Ausnahme des Gebots „Du sollst nicht töten" dar. Dem Menschen steht es nicht zu, über das Leben anderer Menschen zu richten.
Kantianische Sichtweise:	Unter Umständen (d)	Dieses Dilemma verdeutlicht ein Hauptproblem deontologischer Ethik: Wie entscheiden wir uns zwischen konkurrierenden Regeln?
Utilitaristische Sichtweise:	(a)	Es ist eine schreckliche Wahl! Es hängt davon ab, ob man denkt, Schmerz und Tod zu minimieren (die Forscher retten) sei wichtiger, als oberflächliches Glück zu maximieren (die Komiker retten). Man könnte auch die Menschenleben zählen: Aber zählen ungeborene Babys als Personen/moralische Objekte? Kann man die potentiell geheilten Patienten der Forscher mitzählen?
Die Boulevardzeitung:	**(a)**	**„Tennis-As rettet schwangere Schönheiten und Krebsforscher!"**

Situation 8 handelt in einem harmlosen Fall von der Wahrheit: *Sollen wir immer die Wahrheit sagen*, wie deontologische Theorien es diktieren? Wieder dürfte der Utilitarist eine besondere Position einnehmen.

Christliche Sichtweise:	Ja:	Wir sollen stets die Wahrheit sagen.
Kantianische Sichtweise:	Ja:	Es ist unsere Pflicht, die Wahrheit zu sagen, da wir das Lügen nicht universalisieren können.
Utilitaristische Sichtweise:	Nein:	Für einen Handlungsutilitaristen wäre es nützlicher, von Korn oder Tofu zu sprechen und die Frau nicht unglücklich zu machen.
	Ja:	Für einen Regelutilitaristen ist es nützlich und Glück bringend, dass jeder stets die Wahrheit sagt, da auf diese Weise das Vertrauen unter den Menschen erhalten bleibt.
Die Boulevardzeitung:	Nein:	**„Vegetarierin erleidet Wutanfall!"**

Situation 9 behandelt ein praktisch-ethisches Problem: *Ist es unter allen Umständen besser, Ressourcen absolut gleichmäßig aufzuteilen?* Was ist, wenn es dazu führt, dass alle leiden oder sterben? Rechtfertigt das Überleben Einzelner die Benachteiligung anderer?

Christliche Sichtweise:	Nein:	Jeder Mensch hat das gleiche Recht auf Leben; darum sollte die Schokolade gleichmäßig verteilt werden.
Kantianische Sichtweise:	Nein:	Als Leiter der Expedition ist es unsere Pflicht uneigennützig sicherzustellen, dass jedem in gleichem Maße geholfen wird.
Utilitaristische Sichtweise:	Ja:	Es ist besser, dass zumindest eine Person die Chance des Überlebens wahrt, als dass alle sterben.
Die Boulevardzeitung:	Nein:	**„Marathonexpedition endet tödlich, weil egoistischer Leiter den letzten Vorrat allein für sich behält!"**

Moralische Dilemmata

Gib für jeden unten aufgeführten Fall Gründe für deine Meinung an und versuche alle Auswirkungen deiner Entscheidung zu bedenken. Falls deine Antworten zu einem „Es hängt davon ab" tendieren, diskutiere, wovon sie abhängen und warum.

(1) Du bist Arzt/Ärztin in einem Krankenhaus. Eines Tages kommt ein junger, gesunder Mann zu dir und erzählt, dass mehrere Angehörige seiner Familie in Lebensgefahr schweben, weil sie Organtransplantationen benötigen. Einer braucht ein Herz, ein anderer eine Lunge, zwei brauchen Nieren und ein weiterer eine Leber. Der Mann möchte, dass du ihm eine schmerzlose, aber tödliche Injektion verabreichst, seine Organe entnimmst und verwendest, um seine Verwandten zu retten. Falls du das nicht tust, ginge er zu einem nicht zugelassenen Arzt, der zugestimmt hat, für einen geringen Preis diese Operationen durchzuführen.

Sollst du diesem jungen Menschen erlauben, sein Leben zu opfern, um seine Familie zu retten?

(2) Auf seinem Sterbebett bittet dich dein Vater zu versprechen, dass du nach seinem Tod seine Asche auf dem „heiligen Rasen" von Schalke 04 zerstreuen wirst, wenn er gestorben ist. Er war lebenslang ein Fan; du weißt, wie viel es ihm bedeutet, sodass du es ihm versprichst. Er stirbt als glücklicher Mann und hinterlässt dir in seinem Testament 10 000 Euro. Du holst Erkundigungen auf Schalke ein, und 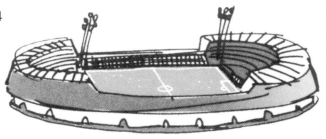 der Verein stimmt zu, dich den Wunsch Deines Vaters ausführen zu lassen – doch der Verein verlangt für diese Erlaubnis 10 000 Euro.

Hältst du dein Versprechen?

(3) Ein leerer Zug nähert sich rasend einer Abzweigung. Du stehst an der Weiche. Wenn du nichts tust, wird der Zug geradeaus weiterfahren und ein Baby überfahren, das auf die Schienen gekrabbelt ist. Wenn du die Weiche umstellst, wird der Zug zwar umgeleitet, aber einen betrunkenen alten Landstreicher überfahren, der auf der Strecke liegt.

Leitest du den Zug um?

(4) Du befindest dich auf einer Geschäftsreise im Ausland. Als Teil deines Reiseprogramms führen dich deine Gastgeber durch ein lokales Gefängnis. Du bist schockiert mitzubekommen, dass die Wärter gerade dabei sind, sechs politische Gefangene hinzurichten. Der Gefängnisdirektor erklärt, da heute ein Fest sei, hättest du die Gelegenheit, das Leben von fünf der Inhaftierten zu retten: Als Geste des guten Willens gegenüber dir als wichtigem Gast würde er fünf der Gefangenen verschonen, wenn du einen der Gefangenen erschießt.

Bist du bereit, einen der Gefangenen eigenhändig zu töten?

(5) Du nimmst den Telefonhörer ab, um einen Anruf zu tätigen, hast aber plötzlich ein anderes Gespräch in der Leitung. Du hörst ein Gespräch zwischen zwei Mitarbeitern einer Wohlfahrtsorganisation mit. Aus ihrem Gespräch schließt du, dass sie sich entschieden haben, in einer letzten Verzweiflungstat das Gesetz zu brechen, um Geldmittel für verarmte Menschen aufzutreiben. Sie planen einen bewaffneten Raubüberfall auf eine große Bank und wollen das Bargeld anonym zur Linderung der Not an die Betroffenen verteilen.

Rufst du die Polizei an?

(6) Dein Nachbar gewinnt einen lebenslangen Vorrat deines Lieblingsbieres (etwa 10 000 Dosen) beim Preisausschreiben eines Kreuzworträtsels. Da er Anti-Alkoholiker ist, benutzt er das Bier, um seinen Garten zu „wässern" (10 Dosen am Tag): Er ist überzeugt, dass es seinen Pflanzen gut tun wird. Du weißt, dass das völliger Unsinn ist und es in Wirklichkeit den Pflanzen eher schaden wird. Eines Tages schaut er vorbei und erzählt, dass er für zwei Monate in den Urlaub fährt. Er fragt, ob du in dieser Zeit seine Pflanzen mit den 600 Dosen Bier gießen würdest, die er dir dalassen will. Du versprichst glaubwürdig, es zu tun, doch was machst du wirklich, wenn er aufbricht?

Hältst du dein Versprechen?

(7) Ein Irrer hat eine Gruppe von Menschen gekidnappt – darunter auch dich – und euch in eine große, nicht mehr genutzte Scheune verschleppt. Entlang einer Wand der Scheune stehen Kisten mit Sprengstoff. Du bist ein weltberühmter Tennis-Spieler. Der Kidnapper fesselt eines deiner Beine an einen Pfosten vor dem Sprengstoff. Zu deiner Rechten bindet er eine Gruppe von vier beliebten Komikern an. Zu deiner Linken fesselt er vier Frauen, die sich in verschiedenen Schwangerschaftsphasen befinden. Dir direkt gegenüber kettet er vier der weltweit führenden Aids- und Krebsforscher an. Jeder ist geknebelt. Vor dir steht eine automatische Ballwurfmaschine. Bevor er geht, gibt der Kidnapper dir einen Tennisschläger und sagt: „In einer halben Stunde wird die Ballwurfmaschine einen Ball heraus befördert: Der Ball enthält eine Granate! Wenn du den Ball nicht wegschlägst, wird er den Sprengstoff hinter dir treffen, und ALLE werden sterben. Wenn du ihn wegschlägst, musst du entscheiden, wohin du den Ball schlagen wirst – und somit, wer gerettet und wer getötet wird!"

Es gibt nur vier Möglichkeiten. Was tust du?

(a) Du schlägst den Ball nach rechts und tötest die Komiker!
(b) Du schlägst den Ball nach links und tötest die werdenden Mütter!
(c) Du schlägst den Ball geradeaus und tötest die Wissenschaftler!
(d) Du lässt die Granate in den Sprengstoff fliegen und tötest damit auch dich!

(8) Auf einer Grillparty nimmt sich deine Nachbarin, die strenge Vegetarierin ist, eine große Schüssel von deinem Eintopf mit Schweinefleisch, Bohnen und Speck. Nicht wissend, was sie da alles isst, genießt sie es sichtlich: „Das beste Essen, das ich gehabt habe, seitdem ich in New York im Urlaub war – kann ich das Rezept haben?" Sie ist mit ihrer Schüssel schon halbfertig.

Sagst du ihr, was sie da isst?

(9) Dicker Nebel senkt sich auf die Pfadfinderexpedition, die du leitest. Das Wetter zwingt euch, ein Lager aufzuschlagen, was auch gut ist, weil eine Stunde später ein Schneesturm beginnt. Nach zwei Tagen im Sturm, ohne absehbare Aussicht auf Rettung, geht euer Vorrat zu Ende. Vier Stunden später entdeckst du eine Tafel Schokolade. Auf acht Leute verteilt, macht die Schokolade niemanden satt; außerdem bist du die hungrigste Person.

Isst du die Schokolade allein auf?

LEHRERSEITE

3.8 Bist du ein Humanist?

Zum Spiel:

Der Fragebogen wurde entwickelt, um SchülerInnen zu helfen, das Verhältnis von religiöser/spiritueller Moral zur rein humanistischen Ethik zu überdenken.

> **Allgemeine Informationen:**
>
> **Zeitdauer:** 15 Minuten für den Fragebogen;
> 15–30 Minuten für die Diskussion
> **Gruppen-/Klassengröße:** Die SchülerInnen arbeiten selbstständig;
> Klassengröße also unbegrenzt
> **Erforderliche Materialien:** Kopien der Frage- und Antwortbögen

Ziele:

Den SchülerInnen soll es ermöglicht werden, ihre persönliche Glaubenseinstellung und den Einfluss, den diese auf ihre Werteinstellungen haben könnte, zu überprüfen.

Spielanleitung:

(1) Die SchülerInnen füllen den Multiple-Choice-Fragebogen aus.
(2) Teilen Sie nach etwa 10 Minuten den Antwortbogen aus, sodass die Klasse die einzelnen Testpunkte errechnen kann.
(3) Geben Sie ein Feedback auf die Antworten und Punkte der SchülerInnen.

Hinweise und Tipps:

Wenn die SchülerInnen die Symbole später zusammenzählen, könnten sie feststellen, dass sie die je gleiche Anzahl von ☺ und H haben. Reine Humanisten und religiös Gläubige teilen in vielen Dingen ihre Einstellung. Dies spiegelt sich in der Tatsache wider, dass manche Antworten sowohl mit einem Humanisten- als auch einem Glaubenssymbol bewertet werden; die SchülerInnen sollen in ihrer Punkterechnung beide zählen. Fordern Sie die SchülerInnen auf, zu entscheiden, in welche Gruppe sie ihrer persönlichen Meinung nach gehören und worauf ihre Entscheidung beruht.

Diskussionspunkte:

Beginnen könnte man mit Fragen, die als herausfordernd oder schwierig empfunden wurden oder wo die Antwort anders ausfiel als erwartet. Folgende Punkte können zur Sprache kommen:

- Existiert eine Verbindung zwischen religiösem Glauben und Moral?
- Was ist Humanismus?
- Kann man einen religiösen Glauben haben und zugleich Humanist sein?
- Wie schwierig ist es für einen Atheisten, ethische Urteile zu treffen?
- Müssen alle Atheisten glauben, dass Moral subjektiv oder relativ ist?

SCHÜLERSEITE

Bist du ein Humanist?

● Kreuze die Aussagen an, die deiner Sichtweise am nächsten kommen.

(1) Existiert Gott?
- a Ich bin sicher, dass es einen Gott gibt, der über das Universum herrscht.
- b Ich weiß es nicht.
- c Es gibt keinen Beweis, dass irgendein Gott existiert, daher nehme ich an, dass es Gott nicht gibt.
- d Es kommt darauf an, was man mit Gott meint, aber ich denke schon.

(2) Wenn ich sterbe ...
- a werde ich im Himmel belohnt, wenn ich gut war, und in der Hölle bestraft, wenn ich böse war.
- b wird das mein Ende sein.
- c lebe ich in der Erinnerung der Menschen weiter oder in der Arbeit, die ich getan habe, oder durch meine Kinder.
- d werde ich in irgendeiner Art Leben nach dem Tod weiterleben.

(3) Wie nahm das Universum seinen Anfang?
- a Es wurde als Experiment von extrem intelligenten Wesen eines anderen Universums hergestellt.
- b Ich weiß es nicht.
- c Die besten verfügbaren Erklärungen sind die wissenschaftlichen – Götter hatten damit nichts zu tun.
- d Gott erschuf es.

(4) Die Theorie, dass sich Leben auf der Erde stufenweise über Milliarden von Jahren hin entwickelt hat, ist ...
- a wahr; es sind genügend Beweise wie etwa Fossilien vorhanden, die bezeugen, dass es so gewesen ist.
- b vermutlich wahr, aber ich denke, dass Gott auch seinen Anteil daran hatte.
- c wahrscheinlich wahr, weil mein Biologielehrer sagt, es ist wahr.
- d nur eine Theorie. Meine Religion erzählt die wahre Geschichte.

(5) Wenn ich Probleme habe oder unglücklich bin, hilft/helfen mir am besten ...
- a Hilfe und Ratschläge von Freunden und Familie.
- b einfach weiterzuleben – normalerweise schaffe ich es, Dinge in Ordnung zu bringen.
- c mit meinem Arzt zu sprechen.
- d zu beten.

SCHÜLERSEITE

(6) Wenn ich einen schönen Ausblick habe, denke ich, dass …
    a er von Gott gemacht worden sein muss.
    b dies alles ist, worum es im Leben geht – ich fühle mich gut.
    c dies ein schöner Ort für eine Autobahn wäre.
    d wir alles tun sollten, was möglich ist, um dies für zukünftige Generationen zu schützen.

(7) Ich kann richtig von falsch unterscheiden, indem ich …
    a ein Heiliges Buch lese oder einem religiösen Führer zuhöre.
    b akzeptiere, was meine Eltern und Lehrer sagen.
    c gründlich über Konsequenzen von Handlungen und ihre Wirkung auf andere Menschen nachdenke.
    d Ich denke nicht wirklich viel darüber nach – die Leute sollten einfach tun, was sie wollen.

(8) Über *gut* und *böse* denke ich, dass …
    a es das Böse in der Welt gibt und Gott existiert, um uns zu helfen, es zu überwinden.
    b einige Menschen böse geboren werden.
    c es manchmal schwierig ist zu sagen, was gut und was böse ist.
    d es keine bösen Menschen gibt, sondern nur böse Taten.

(9) Es ist am besten, ehrlich zu sein, weil …
    a die Leute einen mehr achten, wenn man vertrauenswürdig ist.
    b meine Religion es mir so vorschreibt.
    c es üblicherweise gegen das Gesetz oder die Regeln ist, unehrlich zu sein.
    d ich glücklicher bin und mich besser fühle, wenn ich ehrlich bin.

(10) Wenn jemand unter einer unheilbaren und schmerzhaften Krankheit leidet, denke ich, dass …
    a alles Menschenmögliche getan werden sollte, um ihn so lange wie möglich am Leben zu erhalten.
    b es an Gott ist zu entscheiden, wann er sterben soll.
    c es eine Verschwendung wertvoller Ressourcen ist, ihn am Leben zu erhalten; Euthanasie ist mit Sicherheit eine gute Sache.
    d die Qualität des Lebens wichtig ist, sodass ihm ermöglicht werden sollte, so schmerzlos wie möglich zu sterben, wenn er das möchte.

(11) Was Abtreibung betrifft, glaube ich, dass …
    a das Leben heilig ist. Daher sollten Menschen, die für Abtreibung sind, als Anstifter zum Mord verurteilt werden.
    b Frauen auf Wunsch ein Recht auf eine Abtreibung haben.
    c wir nicht Gott spielen sollten, daher ist Abtreibung immer falsch.
    d Verhütung besser ist, doch Abtreibung ist einem ernsten Leiden oder Unglück von Mutter oder Kind vorzuziehen.

(12) Andere Menschen sind wichtig und sollen mit Respekt behandelt werden, weil …
   a   Gott uns alle nach seinem Bild geschaffen hat.
   b   wir alle glücklicher sein werden, wenn wir uns gegenseitig gut behandeln.
   c   sie nützlich für mich sind.
   d   sie genauso Menschen mit Gefühlen sind, wie ich es bin.

(13) Wie sollen Tiere behandelt werden?
   a   Wie auch immer: Tiere haben keine Seelen, und sie wurden geschaffen, damit wir sie benutzen können.
   b   Gut, da sie süß sind und lieber als Menschen.
   c   Mit Respekt, weil auch sie leiden können.
   d   Mit Respekt, weil sie Teil von Gottes Schöpfung sind.

(14) Ich denke, wir sollten in der Schule etwas über Religion lernen, weil …
   a   jeder Religion braucht, um ein besserer Mensch zu werden.
   b   sie Teil der menschlichen Kultur ist und uns hilft, den Glauben anderer Menschen zu verstehen.
   c   sie besser als Geschichte oder die Naturwissenschaften etwas darüber erzählt, wie die Welt ist.
   d   Ich denke nicht, dass wir in der Schule etwas über Religion lernen sollten – das ist Privatangelegenheit, die in den Familien zu thematisieren ist.

(15) Ich denke, das Heilige Buch meiner Religion …
   a   ist für das heutige Leben unwichtig.
   b   enthält einiges an Wahrheit und ist manchmal inspirierend.
   c   ist von Gott inspiriert und Wort für Wort wahr.
   d   Ich habe kein Heiliges Buch, finde aber die Heiligen Bücher anderer Leute interessant.

(16) Ich bilde mir meine Ansichten über Politik und Gesellschaft …
   a   durch die Lehren meiner Religion.
   b   aus dem Fernsehen.
   c   durch Freunde und Familie.
   d   indem ich selbst nachdenke.

(17) Wenn etwas falsch läuft in der Welt …
   a   diskutiere ich die Probleme mit meinen Freunden und meiner Familie.
   b   bitte ich Gott, dafür zu sorgen, dass es besser wird.
   c   denke ich, die Regierungen sollten etwas tun.
   d   versuche ich auch selbst etwas zu tun, um die Zustände zu verbessern.

(18) Die wichtigste Sache im Leben ist …
   a   eine gute Beziehung zu Gott zu haben.
   b   viel Geld zu machen.
   c   die Erde für zukünftige Generationen zu bewahren.
   d   das allgemeine Glück und das Wohlergehen aller Menschen zu erhöhen.

SCHÜLERSEITE

Antwortbogen

Bewerte deine Antworten: Zähle, wie viele von jedem dieser Symbole auf deine Antworten entfallen: ☺ ☺ ☹ H. Einige Antworten können von Menschen mit verschiedenen Standpunkten geteilt werden; wenn zwei Symbole zugleich auf eine deiner Antworten entfallen, zähle sie auch beide.

	a:	b:	c:	d:
1	☺	H	H	☺
2	☺	H	H	☺
3	☹	H	H	☺
4	H	☺	H	☺
5	H	H	☺	☺
6	☺	☺/H	☹	H/☺
7	☺	☺	H	☹
8	☺	☹	H/☺	H/☺
9	H	☺	☺	H
10	☺	☺	☹	H
11	☹	H	☺	H
12	☺	H	☹	H
13	☺	☹	H	☺
14	☺	H	☺	H
15	H	☺	☺	H
16	☺	☺	☺/H	H
17	☺/H	☺	☺	H
18	☺	☹	H	H/☺

☺ 9–18

Du hast auf jeden Fall eine religiös motivierte Glaubenseinstellung und wirst feststellen, dass reiner Humanismus nichts für dich ist, obwohl du bei einigen Themen mit Humanisten übereinstimmen kannst. Vielleicht hast du auch einige H-Symbole gesammelt.

☺ 1–8

Du teilst durchaus religiöse Glaubenseinstellungen, kannst aber moralische Fragen auch auf humanistischer Grundlage entscheiden – wie fielen deine weiteren Antworten aus?

☹ 2–8

Du scheinst nicht gerade ein Menschenfreund zu sein oder in deinen Ansichten besonders rational – wahrscheinlich bist du kein Humanist!

☺ 1–7

Diese Antworten sind ziemlich neutral. Vielleicht bist du mit deiner Meinung ein wenig zu sehr von Autoritäten oder anderen Menschen abhängig.

H 9–18

Du bist ein Humanist bzw. stehst dem humanistischen Denken sehr nahe. Viele Menschen sind das, oft sogar, ohne es zu wissen! Humanisten stimmen nicht immer eindeutig ab, so wirst auch du einige andere Symbole gesammelt haben.

H 1–8

Du könntest in deiner Meinungsbildung unentschlossen sein: Deine Antworten zeugen von religiösem Glaubensgut kombiniert mit einer humanistischen Sicht in moralischen Fragen.

LEHRERSEITE

3.9 Das Dilemma des Gefangenen

Zum Spiel:

Dieses scheinbar einfältige Spiel will die Frage aufwerfen: „Warum sollte ich oder irgendjemand überhaupt moralisch handeln?"

Allgemeine Informationen:

Zeitdauer:	15–20 Minuten für das Spiel; 20 Minuten für die Diskussion
Gruppen-/Klassengröße:	6–12 SchülerInnen; Klassengröße unbegrenzt
Erforderliche Materialien:	Spielkarten (2 pro SchülerIn), Blätter für die Punktelisten, Spielgeld (hier können die im Anhang bereitgestellten „Ethischen WährungsEinheiten" benutzt werden)

Ziele:

Es soll gezeigt werden, dass es in unserem eigenen, guten Interesse sein kann, selbstlos zu denken und moralisch einsichtig zu handeln.

Spielanleitung:

Zusammenfassung – Die SchülerInnen spielen bei diesem Kartenspiel gegeneinander. Am Ende des Spiels werden die Punkte zusammengezählt, die als zusätzlicher Anreiz in „Geld" umgewandelt werden können. Das vordergründige Ziel des Spiels ist es, so viele Punkte wie möglich zu sammeln.

Spielaufbau – Die Klasse wird in Gruppen bis zu 12 SchülerInnen eingeteilt. Jede/r SchülerIn erhält zwei Spielkarten, eine schwarze und eine rote (oder andere Kontrastfarben). Zudem muss eine Punkteliste angelegt werden, die die Namen der anderen SchülerInnen der Gruppe enthält.

Kartenspiel – Die SchülerInnen spielen innerhalb ihrer Gruppen so lange eins zu eins gegeneinander, bis sie gegen alle anderen angetreten sind. Dabei nehmen sie je eine ihrer Karten und legen sie mit der farbigen Seite (rot oder schwarz) nach unten auf den Tisch, ohne dass der/die GegenspielerIn die Farbe sehen kann. Der/die GegenspielerIn tut dasselbe. Dann decken beide die Karten auf, notieren je die erzielte Punktzahl (zum Punktesystem siehe die Tabelle auf der nächsten Seite) und sammeln ihre Karten wieder ein. Diesen Vorgang wiederholen sie fünfmal. Danach zählen die SpielerInnen ihre Punkte zusammen und spielen dann gegen die nächste Person ihrer Gruppe. Nachdem sie gegen jeden in ihrer Gruppe gespielt haben, rechnet jeder seine Gesamtpunktzahl zusammen (ein Beispiel einer Punkteliste siehe unter *Hinweise und Tipps*).

Hinweis: Die Ausführungen sind bezogen auf rote und schwarze Spielkarten verfasst; welche Kontrast-Farben letztlich gebraucht werden, ist aber egal.

Das Punktesystem:

Die SpielerInnen gewinnen oder verlieren Punkte in Abhängigkeit davon, welche Farbkarte sie spielen und welche Karte ihr Gegenüber ausspielt; das Punkten ist der wichtigste Teil des Spiels. Dabei ist es entscheidend, dass die SchülerInnen ihre Entscheidung, welche Karte sie spielen, nach dem folgenden Punktsystem ausrichten; dieses sollte darum an die Tafel geschrieben werden, damit es für alle *immer* sichtbar ist. Am Ende des Spiels können die SchülerInnen ihre Punkte mit 100 EWE (Ethische WährungsEinheiten) multiplizieren, was bei der Alternativ-Version unerlässlich ist.

Du spielst:	Dein Gegenüber spielt:	**Du punktest:**
Schwarz	Schwarz	+ 3
Schwarz	Rot	– 2
Rot	Schwarz	+ 5
Rot	Rot	0

Wenn z. B. ein/e Spieler/in eine schwarze Karte spielt und sein/ihr Gegenüber eine rote ausspielt, dann verliert der/die erste SpielerIn zwei Punkte und sein/ihre GegenspielerIn gewinnt fünf Punkte.

Das Ende des Spiels – Zählen Sie gemeinsam, welche SpielerInnen die meisten Punkte erzielt haben und wie viele Punkte jede Gruppe insgesamt erzielt hat (d. h. alle EinzelspielerInnen zusammen). Weisen Sie die Klasse darauf hin, wie viele Punkte jede/r SchülerIn und jede Gruppe hätte gewinnen *können*, wenn alle schwarze Karten gegeneinander ausgespielt hätten: Es wird immer bedeutend mehr sein, als die Gruppenergebnisse erzielt haben; in der Regel auch mehr, als die hohen Einzelpunktzahlen. Mithilfe dieser Ergebnisse sollten Sie dann gemeinsam mit den SchülerInnen dem eigentlichen Sinn des Spiels auf den Grund gehen und die Auswirkungen des Spiels auf das soziale Verhalten im Allgemeinen verdeutlichen (vgl. *Diskussionspunkte*).

Alternativ-Version:

Um zu verdeutlichen, dass das Spielen von schwarzen Karten die beste Gesamtstrategie ist, können Sie diese Alternativ-Version nutzen. Legen Sie zu Beginn des Spiels einen Stapel von EWE-Geldscheinen auf den Tisch. Die genaue Summe des Geldes sollte

15 x die Anzahl der Gruppenmitglieder (minus 1)
x die Gesamtanzahl an SchülerInnen in der Klasse x 100 EWE betragen.

Das entspricht der Summe, welche die Klasse gewinnen könnte, wenn alle ausschließlich schwarze Karten spielen würden. ABER: Sagen Sie das den

SchülerInnen nicht, bevor das Spiel beendet ist. Die SchülerInnen sollen das Spiel frei wahrnehmen und zum Schluss ihre Punkte zusammenzählen. Multiplizieren Sie dann die Gesamtpunktzahl mit 100 EWE. Zahlen Sie die Summe von dem Geldstapel aus, der zu Beginn auf den Tisch gelegt wurde – vermutlich wird eine enorme Summe Geld auf dem Tisch liegen bleiben: Dies ist das Geld, das die Klasse hätte gewinnen können, wenn keine roten Karten gespielt worden wären!

Hinweise und Tipps:

- Demonstrieren Sie mit einem Freiwilligen ein Spiel von fünf Runden, um die Methode des Spielens und Punktens klarzumachen. Die Klasse sollte es bald beherrschen.

- Es ist entscheidend, dass die SchülerInnen das Punktsystem verstehen und ihre Entscheidungen allein daran ausrichten. – Zufallswahlen von Karten sind nicht erlaubt.

- Es ist den SchülerInnen nicht erlaubt, mit ihren GegenspielerInnen über die Taktik zu diskutieren, nach der sie selbst die Karten auswählen.

- Sie sollten durch die Klasse gehen und kontrollieren, dass die SchülerInnen ihre Punkte korrekt in die Punktelisten eintragen.

- Die SchülerInnen sollen die Namen aller anderen in ihrer Gruppe auf ein leeres Blatt Papier schreiben. In jeder Runde müssen sie festhalten, wie viele Punkte sie selbst gegen ihre/n GegnerIn erzielt haben (die Punkte ihrer GegenspielerInnen lassen sie dabei außer Acht). Nachdem sie das 5-mal getan haben, sollen die Punkte zusammengezählt werden, bevor gegen eine/n andere/n GegnerIn gespielt und der Vorgang so oft wiederholt wird, bis in einer Gruppe jeder gegen jeden 5-mal gespielt hat. Erst dann sollen die SchülerInnen ihre Gesamtpunktzahl berechnen. Ihre Punkteliste könnte am Ende z. B. wie folgt aussehen:

Kevins Punkteliste		
Simone	5, -2, 0, 0, 0	= 3
Jürgen	3, 3, -2, 0, 0	= 4
Martin	5, 5, 0, 0, 0	= 10
Stefan	-2, -2, 0, 3, -2	= -3
Katharina	0, 0, 0, 0, 0	= 0
Thomas	5, 0, 0, 0, 0	= 5
Gesamtpunktzahl = 19		

Diskussionspunkte:

■ Was hat das Spiel mit Ethik zu tun?

Dieses Spiel dient dazu, viele Fragen innerhalb der Moralphilosophie zu illustrieren. Damit das gelingt, müssen die SchülerInnen die Verbindung ziehen zwischen:

> einer egoistischen Handlung = die rote Karte spielen

und

> einer selbstlosen Handlung = die schwarze Karte spielen.

Wenn die vordergründigen Spielregeln verstanden und korrekt ausgespielt wurden, dann werden die SchülerInnen schnell begriffen haben, dass die rote Karte potentiell die höheren Punkte erzielt, also:

egoistische Karte gegen selbstlose Karte = rote Karte gegen schwarze Karte: die egoistische Karte gewinnt 5 Punkte; die selbstlose Karte verliert 2 Punkte.

Außerdem stellt die rote Karte weniger Risiko dar, da man mit ihr niemals Punkte verlieren kann. Beim Gleichstand zwischen roter und roter Karte kann man höchstens eine 0 erzielen, die dann allerdings auch der/die GegnerIn bekommt:

> egoistische Karte gegen egoistische Karte: niemand gewinnt.

Dem gegenüber ist die schwarze Karte immer die riskantere, weil sie auf Vertrauen basiert: Jede/r muss darauf hoffen, dass der/die GegenspielerIn auch Schwarz spielen wird und man selbst nicht mit einer roten Karte ausgestochen wird:

> selbstlose Karte gegen selbstlose Karte: beide gewinnen 3 Punkte

SchülerInnen, die immer nur rote Karten spielen, denken nur an den möglichen Höchstgewinn bzw. daran, dass sie nie richtig verlieren können. Jene, die die schwarzen Karten spielen, bedenken das Gesamtergebnis des Spiels, das für sie selbst und auch für die GegenspielerInnen höher ausfällt, wenn beide Seiten den schwarzen Karten „vertrauen".

■ Warum sollen wir überhaupt moralisch sein?

In diesem Spiel führt es letztlich zum Scheitern, wenn man die ganze Zeit nur rote Karten spielt. Würde das Spiel für längere Zeit andauern, desto mehr würde sich das Spiel der schwarzen Karten bewähren und die SpielerInnen würden lernen, den schwarzen Karten zu vertrauen und diesbezüglich mit anderen zu kooperieren. Im Gegenzug würde man die SpielerInnen von roten Karten spieltaktisch zu „bestrafen" versuchen. Auf Dauer werden so die SpielerInnen von schwarzen Karten Erfolg haben; die SpielerInnen von roten Karten dagegen werden Nachteile erfahren – sie werden dann entweder die „Gesellschaft" verlassen oder lernen müssen, Schwarz zu spielen. Daraus können wir z.B. folgern, dass sogar in einem Naturzustand, d.h. in einer Gesellschaft ohne formale Regierung und entsprechende normative Gesetze, Altruismus entstehen würde: Eine Hand wäscht die andere! Moralisches Handeln könnte also allein durch das Erreichen eigener Vorteile motiviert sein.

Gibt es in der Realität ähnliche Situationen?

Um das zu klären, können die SchülerInnen an einfache Alltagssituationen denken, die dem Spiel ähnlich sind: z. B. das Vordrängeln. Es handelt sich um Situationen, in denen egoistisches Verhalten vordergründig unserem Interesse dient, in der Konsequenz aber auch uns schaden würde: nämlich dann, wenn sich plötzlich alle so verhalten würden. Diese Frage kann gut mit dem Spiel 3.10: DIE FRAGE NACH DER ALLGEMEINGÜLTIGKEIT verbunden werden.

Was sind die Ursprünge der Ethik?

Die einfachen Erfahrungen des Spiels zeigen, dass eine Ethik ihren Ursprung nicht unbedingt in göttlichen Geboten oder normativer Gesetzgebung haben muss. Die Ursprünge bestehen schon einfach in der Tatsache, dass moralisches Verhalten letztlich vorteilhafter für die größere Anzahl der Individuen ist, als steter Egoismus. Weiterhin hat Moral ihren Ursprung in der Sozialisation von Individuen durch ihre Gesellschaft, die von selbstlosem Verhalten profitiert und daher moralisches Verhalten fördert, indem sie es belohnt und egoistisches Verhalten bestraft.

Kann Handeln aus Eigeninteresse wirklich moralisch genannt werden?

Das Spiel zeigt, dass eine starke Motivation, moralisch zu handeln (schwarze Karten zu spielen), unser Eigeninteresse ist. – In der gesamten Geistesgeschichte der Menschheit wurde immer wieder hinterfragt, ob ein solch motiviertes Verhalten jemals als moralisch bezeichnet werden kann. Fordern Sie die Klasse auf, nach begründeten Antworten auf diese Frage zu suchen und diese zu diskutieren.

Warum heißt das Spiel „Das Dilemma des Gefangenen"?

Das Spiel basiert auf einem bekannten, in der Spieltheorie benutzten Szenario, welches *„Das Dilemma des Gefangenen"* heißt: Zwei Freunde werden verhaftet und von der Polizei in verschiedenen Zellen festgehalten. Die Polizei hat nicht genug Beweise, um die beiden zu verurteilen. Daher macht sie jedem Gefangenen dasselbe verlockende Angebot, um freizukommen, wofür allerdings der je andere verraten werden müsste. Entweder schweigt der einzelne Gefangene also weiterhin (die schwarze Karte) oder er verrät seinen Freund (die rote Karte). Die Wahlmöglichkeiten und Ergebnisse sind ungefähr dieselben wie in unserem Spiel, d. h. der Verrat ist die verführerischere Option (sie eröffnet die Gelegenheit, wenigstens allein frei zu kommen) und das Stillhalten erfordert das Vertrauen, wodurch beide aus Mangel an Beweisen frei kommen würden.

Vielleicht möchten Sie den SchülerInnen das folgende Dilemma präsentieren und sie bitten, eine Entscheidung zu fällen:

Du und dein Freund, ihr seid ein zwielichtiges Paar. Eines Nachts haltet ihr Ausschau nach einem Bruch, als plötzlich die Bullen auftauchen und euch festnehmen. Die Kerle stellen jedoch fest, dass sie nicht genug gegen euch in der Hand haben, um euch wegen wiederholter Verbrechen für lange Zeit ins Gefängnis zu stecken. Doch sie trennen dich von deinem Freund und

LEHRERSEITE

machen dir ein Angebot: „Wenn du deinen Kumpel verrätst, bekommst du mildernde Umstände – oder kommst sogar frei!" Du weißt, dass die Bullen denselben Deal auch deinem Freund angeboten haben. Eure Entscheidung wird bestimmen, wie viel Zeit jeder von euch in den Knast muss. Der Polizeiinspektor stellt klar:

- Wenn ihr beide gesteht, bekommt ihr beide sechs Jahre.
- Wenn ihr beide schweigt, bekommt ihr beide ein Jahr.
- Wenn du gestehst und dein Kumpel schweigt, dann kommst du frei und dein Kumpel bekommt zehn Jahre.
- Aber wenn du schweigst und dein Kumpel gesteht, dann bekommst du zehn Jahre und dein Kumpel kommt frei.
- Was tust du?

■ Letztlich kann das Spiel auch dazu genutzt werden, um in die THEORIE VOM GESELLSCHAFTSVERTRAG noch THOMAS HOBBES einzuführen. Hobbes verstand den Egoismus als den Menschen angeboren; die Menschen also als SpielerInnen von roten Karten. Folglich hätten in einer Welt ohne Regierungen und Gesetze nur wenige Menschen auf Dauer Erfolg. Letztlich liegt es im Interesse der Menschen, Verträge mit den Mitmenschen zu schließen, die Schutz gewähren und Vertrauen schaffen (schwarze Karten), die aber auch für egoistisches Verhalten bestrafen (rote Karten).

3.10 Die Verallgemeinerungsfähigkeit

Zum Spiel:

Das Spiel eignet sich als Einführung in die ethische Theorie IMMANUEL KANTS. Dabei sind verschiedene Dilemmata mithilfe von Kants Theorie zu lösen.

Allgemeine Informationen:	
Zeitdauer:	15–20 Minuten (5 Min. für die Übung; 15 Min. für das Feedback)
Gruppen-/Klassengröße:	Gruppen von 2–4 SchülerInnen; Klassengröße unbegrenzt
Erforderliche Materialien:	Kopien der Arbeitsblätter für alle SchülerInnen

Ziele:

Die SchülerInnen werden angeregt, über ihre persönlichen Handlungen in neuer Weise nachzudenken. Der Gedanke der Allgemeingültigkeit soll eingeführt und die Allgemeingültigkeit von Handlungen hinterfragt werden, indem die SchülerInnen eine Reihe von Dilemmata durchdenken.

Spielanleitung:

Hinweis – Diese Übung bitte nur durchführen, wenn Sie mit der Ethik Kants vertraut sind bzw. den *Philosophischen Hintergrund* zum Ende dieser einleitenden Ausführungen gelesen haben.

(1) Teilen Sie die SchülerInnen in Gruppen ein und geben Sie die Dilemmabögen aus. Auf jedes Dilemma sollen die SchülerInnen Schritt für Schritt das folgende Verfahren anwenden:

- Entscheide dich für eine Handlungsweise.
- Versuche, die allgemeine Regel oder Maxime herauszuarbeiten, der du folgst, wenn du dich in einer bestimmten Weise verhältst.
- Überlege, was passieren würde, wenn jeder der von dir gewählten Regel folgen würde.
- Wähle je nur einen Handlungsverlauf, der nach Möglichkeit ohne inneren Widerspruch verallgemeinert werden kann.

(2) Wenn alle Gruppen fertig sind, soll jede Gruppe darlegen, wie sie in einem bestimmten Fall handeln würde, und ihre Begründung vortragen. Dabei sollen sie die Stärken und Schwächen bedenken, die sich ergeben, wenn moralische Dilemmata mit dem gewählten Verfahren gelöst werden.

Hinweise und Tipps:

Hier ist ein Lösungsbeispiel für Dilemma 1, in dem die oben aufgeführten Schritte angewendet werden:

- Bedenke zuerst die Option, dein Versprechen an deinen Neffen zu brechen. Die allgemeine Regel könnte dann sein: „Es ist in Ordnung, Versprechen zu brechen" (beim Ausarbeiten der allgemeinen Regel oder Maxime müssen die Besonderheiten der einzelnen Situationen übergangen werden).

- Was würde passieren, wenn jeder gegebene Versprechen brechen würde? – Versprechen würden aufhören, den Menschen etwas zu bedeuten und bald nicht mehr existieren. Versprechen grundsätzlich brechen zu können, wäre als allgemeingültige Maxime also ein Widerspruch in sich, da man nichts brechen kann, das nicht existiert.

- Versprechen grundsätzlich brechen zu können wäre also in diesem Fall als normative Verhaltensanweisung sinnlos und darum auch nicht als mögliche Option für die SchülerInnen anzusehen; darauf sollen die SchülerInnen stets achten.

Diskussionspunkte:

- Widersprechen irgendwelche von Kants Lösungen für moralische Dilemmata unseren eigenen moralischen Gefühlen? Sie könnten es, wenn wir der Ansicht sind, dass die Folgen einer Handlung ebenso wichtig sind wie die Motive, derentwegen wir eine moralische Pflicht erfüllen.

- Was sollen wir tun, wenn wir mit zwei konkurrierenden Pflichten konfrontiert werden: z. B. meiner Verpflichtung, ein Versprechen zu halten, aber auch meiner Pflicht, das Leben anderer Menschen nicht in Gefahr zu bringen? – Ein plakatives Extrembeispiel könnte beispielsweise sein: Ein verrückter Axtmörder klopft an meine Tür und bittet mich um die Axt, die ich ihm zu einem früheren Zeitpunkt zu leihen versprochen hatte!!!

- Ist da ein Widerspruch, wenn Kant drängt, stets vor allem unsere Pflichten zu bedenken und unser Pflichtbewusstsein dann als Basis nimmt, mit einer Art konsequentialistischer Theorie die Allgemeingültigkeit unserer Handlungen zu begründen?

- Wie kann Kants Theorie helfen, herauszufinden, wie wir unser Leben führen sollen? Ist alles, das verallgemeinerbar ist, automatisch auch unsere moralische Pflicht?

Philosophischer Hintergrund:

Kants Ethik – Kant war der Ansicht, dass eine gute Tat durch das richtige Motiv zustande komme. Das einzig wahre gute Motiv sei das der PFLICHT. Eine Handlung sei gut, wenn wir sie tun, weil wir sie tun *sollten* und aus keinem anderen Grund.

Es gibt zwei Arten von „sollten": Jene, die von bestimmten Begierden und Wünschen abhängig ist, und jene, die unabhängig oder absolut ist. Ein Beispiel für das Erste wäre: „*Wenn* ich fit werden will, dann *sollte* ich Sport treiben." Ein Beispiel für das Zweite wäre: „Ich *sollte* meine Versprechen grundsätzlich halten." – Im zweiten Fall ist kein „wenn" enthalten, also keine Bedingung. Aber nur das bedingungslose „sollte" zählt als moralisches „sollte", und Kant identifizierte Moral damit, diese absoluten VERPFLICHTUNGEN oder PFLICHTEN zu erfüllen.

Doch was sind schließlich unsere Pflichten? Kant schlug einen Denkweg, eine Formel vor, die alle Menschen unabhängig befähigen sollte herauszufinden, was das moralisch bzw. ethisch Richtige ist. Er argumentierte etwa so: Wenn wir glauben, dass wir unsere moralische Pflicht getan haben (z. B. etwas Gutes), meinen wir, jeder andere hätte in derselben Situation genauso handeln sollen. Ich könnte z. B. 50 Euro in einem persönlichen Brief finden, der in einem Bibliotheksbuch liegengelassen wurde. Ich entscheide, das Geld und den Brief an den rechtmäßigen Besitzer zu schicken. Ich glaube, das Richtige getan zu haben. Das bedeutet, ich glaube, dass jeder andere an meiner Stelle dasselbe hätte tun sollen: Ich bin folglich der Auffassung, dass wir eine grundsätzliche Pflicht haben, Güter an ihre rechtmäßigen Eigentümer zurückzugeben.

Also wird eine gute Tat aus moralischem Pflichtbewusstsein getan. Und eine Pflicht ist etwas, von dem wir behaupten können, *jeder* an meiner Stelle hätte das tun *sollen*. Mit anderen Worten: Eine moralisch gute Handlung ist die, die wir *verallgemeinern* können, die im Sinne des allgemeinen Wohlergehens zur Verhaltensnorm erklärt werden könnte. Kant versuchte in dieser Weise herauszufinden, welche Handlungen moralisch gut sind und welche schlecht.

Unsere Handlungen müssen also nach Kant verallgemeinerbar sein, wenn wir glauben wollen, das Richtige getan zu haben. Kant setzte für diese Überlegung den rational vernünftigen Menschen voraus, der nur auf solch eine Art handelt, die er aufrichtig auf alle Menschen anwenden kann. Das Richtige zu tun hieße also: mit dem Anspruch handeln, dass jeder andere in ähnlicher Lage dasselbe tun würde, um das so genannte Gute zu erreichen. Eine Handlungsweise, die als allgemeingültige Norm Unheil anrichten würde, kann demnach nicht richtig, nicht moralisch gut sein.

Mithilfe dieser Überlegungen entwickelte Kant den so genannten *kategorischen Imperativ*:

> Handle so, dass die Maxime deines Willens jederzeit zugleich als Prinzip einer allgemeinen Gesetzgebung gelten könnte.

SCHÜLERSEITE

Die Frage nach der Allgemeingültigkeit

(A) Entscheide, was in jeder der folgenden Situationen das moralisch richtige Handeln wäre. Richte Dich dabei allein nach Kants ethischer Theorie.

1. Du versprichst deinem Neffen Jonas, ihn am Samstag zum Spielen in den Park mitzunehmen. Doch am Mittwoch ruft dein Freund an: Er hat zwei Karten für ein Pop-Konzert eurer Lieblings-Band ergattert. Jonas ist bis Samstag morgen im Zeltlager. – Brichst du dein Versprechen?

   [Versprechen brechen] [Versprechen halten]

2. Du hilfst deiner Freundin Anne ihre Zeitungen auszutragen, damit ihr beide euch ein Feuerwerk ansehen könnt. Plötzlich fängt eine der Zeitungen, die Anne in Händen hält, bei dem Feuerwerk Flammen. Anne verbrennt sich, aber es ist kein Wasser verfügbar, nur zwei Flaschen kalte Milch auf der Türschwelle des nächsten Hauses. – Stiehlst du die Milch?

   [Milch stehlen] [Milch stehen lassen]

3. Deine Freundin, die zuletzt Ess-Probleme entwickelt hat, fragt dich, ob ihr Hintern in ihrer neuen Hose pummelig aussieht. Das ist tatsächlich so, aber du kennst ihr Problem und machst dir sorgen. – Lügst Du?

   [Lügen] [nicht Lügen]

4. Du stehst auf dem Dach eines Hauses und ziehst bei einem Umzug ein Klavier am Lastenzug in den dritten Stock hinauf. Plötzlich hörst du Schüsse. Auf der Straße direkt unter dir schießt ein Mann auf eine vorbeiziehende Parade lokaler Würdenträger. Lässt du das Klavier fallen und tötest den Mann um die anderen zu retten?

   [Klavier fallen lassen] [Klavier festhalten]

5. Dein Partner bzw. deine Partnerin ist für eine zweijährige Arbeit in Afrika. Dein/e sehr attraktive/r, aber tödlich erkrankte/r Nachbar/in gesteht dir seine/ihre Liebe und bittet dich um eine gemeinsame romantische Nacht, bevor die Krankheit letztlich zum Tod führt. Du kannst Deine/n Partner/in nicht erreichen. Wirst du für eine Nacht untreu sein?

   [treu sein] [untreu sein]

(B) Entscheide, welche der folgenden Handlungen richtig oder falsch sind. Benutze wieder allein Kants ethische Theorie. Erkläre, wie du jeden Punkt erarbeitet hast.

1. Du schiebst ein Auto mit drei anderen Leuten einen Hügel hinauf und denkst: „Ich könnte einfach vortäuschen zu schieben, da für diese Arbeit die Kraft von drei Leuten genügt", und daher hörst du aus Bequemlichkeit auf zu schieben.

2. Du gehst zum Supermarkt, um etwas Waschpulver zu kaufen. Du entscheidest dich für das No-Name-Produkt, weil es ein wenig billiger ist als das umweltfreundliche Waschmittel.

3. Du fährst in Bus oder Bahn oft ohne Fahrschein, weil du weißt, wie man den Kontrollen entgeht.

4. Wenn du gute Musik hören willst, leihst du dir stets CDs von Freunden aus und überspielst sie bzw. besorgst dir Raubkopien aus dem Internet.

5. Du schummelst ziemlich oft bei Klassenarbeiten und Tests in der Schule.

(C) Denke dir eine Handlung aus, die verführerisch ist, weil sie für dich persönlich erfolgreich ist, aber nicht verallgemeinert werden sollte. Formuliere auch die Konsequenzen.

3.11 Gesundheit oder Wohlstand?

Zum Spiel:

Ein Mannschaftsspiel, das in einem imaginären Krankenhaus stattfindet: Die SpielerInnen müssen harte finanzielle und ethische Entscheidungen treffen. Das Planspiel will in die Theorie des Utilitarismus einführen und die ethische Intuition der SchülerInnen untersuchen.

> **Allgemeine Informationen:**
>
> | | |
> |---|---|
> | Zeitdauer: | ca. 1 Stunde |
> | Gruppen-/Klassengröße: | Gruppen von 3–8 SchülerInnen; Klassengröße 6–32 SchülerInnen |
> | Erforderliche Materialien: | Kopien der Arbeitsblätter für alle SchülerInnen; unausgefülltes Punktesystem für die LehrerInnen; EWE-Geldscheine (ab S. 130) |

Ziele:

Das Spiel soll den UTILITARISMUS einführen. Die klassischen Probleme dieser Theorie werden durch die verschiedenen Objektbeschreibungen und Dilemmata verdeutlicht. Ebenso wie die SchülerInnen dazu angestoßen werden, über ihre eigenen ethischen Überzeugungen nachzudenken, erfordert das Planspiel von den SchülerInnen auch, ihre Gedanken und Meinungen vor der Klasse zu begründen.

Spielanleitung:

Das Szenario – Das Krankenhaus in Neustadt muss oft schwierige Entscheidungen bzgl. seiner Patienten treffen. Dafür wurde ein Ethikkomitee eingerichtet, das zu entscheiden hilft, welche Patienten begründet behandelt werden können. Für das Planspiel wird die Klasse in zwei Mannschaften aufgeteilt, die *beide* das Ethikkomitee des Krankenhauses darstellen:

(1) Die Klasse wird in Mannschaften von drei bis acht SpielerInnen aufgeteilt.
(2) Ziel des Spiels ist es, möglichst viele Punkte zu erzielen. Das Team mit der höchsten Punktzahl gewinnt. Die Teams erzielen die Punkte, indem sie strikt das Prinzip des Utilitarismus anwenden. Die LehrerInnen vergeben als SpielleiterInnen am Ende jeder Runde die Punkte (Anweisungen für das Punktesystem ab Seite 87).
(3) Insgesamt werden drei Runden gespielt (es ist auch möglich, nur eine oder zwei Runden durchzuführen). In jeder Runde erhalten die Mannschaften je eine kopierte Seite der insgesamt drei Arbeitsblätter, wobei sie die beiden folgenden Dinge entscheiden müssen:
- Welche der Patienten sollen behandelt werden?
- Wie ist das konkrete Dilemma je zu lösen?

Einen Patienten zu behandeln kostet Geld; jede Mannschaft kann nur 64 000 EWE ausgeben, was die Entscheidungsmöglichkeit begrenzt.

(4) Am Ende jeder Runde müssen die Teammitglieder dem oder der Spielleiterin ihre Entscheidung begründen.

Vor dem Spiel – Erklären Sie den SchülerInnen das Prinzip des Utilitarismus, und schreiben Sie es zur Erinnerung an die Tafel. Erklären Sie die Regeln, und händigen Sie zusammen mit Arbeitsblatt 1 das Geld an jedes Team aus (64 000 EWE für alle drei Runden).

Runde 1 – Die Mannschaften diskutieren für 15 Minuten, welche Patienten zu behandeln sind und wie das spezielle Dilemma zu lösen ist. Die SchülerInnen müssen persönliche Voreingenommenheiten zu vermeiden suchen, um strikt den utilitaristischen Gedankengang in ihrer Entscheidungsfindung einzuhalten. Sammeln Sie nach angemessener Zeit die Blätter zusammen mit dem Geld, das die Teams für ihre Patienten ausgegeben haben, ein. Die Mannschaften müssen ihre Wahl begründen, wobei Zusatzpunkte vergeben werden können: Wenn eine Mannschaft ihre Vorgehensweise fundiert begründet, können ihr zusätzliche 5–20 Punkte zugesprochen werden (Ermessenssache der LehrerInnen).

Runde 2 – Verteilen Sie Arbeitsblatt 2 an die Teams. Während die SchülerInnen daran arbeiten, wird Runde 1 durch die SpielleiterInnen bewertet, indem die Vorschläge des Punktsystems auf Seite 87 verwendet werden. Jede Entscheidung, ob ein Patient behandelt wird oder nicht, hat eine ihr zugeordnete Punktzahl. Addieren Sie später die Punkte und verkünden Sie den Teams die Ergebnisse. Arbeitsblatt 2 soll mit den verwendeten Geldbeträgen nach ca. 15 Minuten eingesammelt werden. Die Teams sollen ihre Wahl auch in dieser Runde begründen.

Runde 3 – Wie Runde zwei; nur werden am Ende die Punkte aus allen drei Runden zusammengezählt und das Gewinnerteam gekürt.

Hinweise und Tipps:

Die zu verwendenden Arbeitsblätter erklären sich selbst; werden die Regeln vorsichtshalber gemeinsam durchgesprochen, sollten folgende Punkte betont werden:

- Das zur Verfügung gestellte Geld, 64.000 EWE, muss für alle drei Runden ausreichen (also ca. 21.000 EWE pro Runde). Es bleibt aber den SchülerInnen überlassen, wie viel sie in jeder Runde ausgeben wollen.

- In dem imaginären Szenario des Spiels existieren keine Privatkrankenhäuser. Patienten werden entweder in diesem einen Krankenhaus behandelt – oder überhaupt nicht!

- SchülerInnen fragen oft nach weiteren Details bzgl. der Patienten. Alle verfügbaren Informationen stehen aber auf den vorliegenden Blättern, nach denen die Entscheidungen getroffen werden *müssen* – mit dieser Situation haben sich die SchülerInnen auseinander zu setzen!

- Informieren Sie die SchülerInnen regelmäßig über die noch zur Verfügung stehende Zeit. Die SchülerInnen sollen ruhig den Druck einer schwierigen Entscheidungsfindung spüren.

- **Anmerkung 1** – Viele der benannten Gebrechen, Krankheiten, Behandlungen und Kosten sind nicht real. Die SchülerInnen müssen sich *vor* dem Spiel dessen bewusst sein.

- **Anmerkung 2** – Das vorgeschlagene Punktesystem (ab S. 87) ist nur ein Vorschlag. Es gibt keine absoluten Antworten, die ein Handlungsutilitarist geben könnte. Das Blatt mit den unausgefüllten Tabellen gibt allen LehrerInnen die Möglichkeit, ein eigenes Punktesystem zu entwerfen.

Diskussionspunkte:

- War der Utilitarismus leicht anzuwenden? Oder wäre es für die SchülerInnen einfacher gewesen, nach eigenen moralischen Maßstäben zu entscheiden? Die SchülerInnen könnten hinterfragen, ob Utilitarismus ein guter bzw. sinnvoller Weg der Entscheidungsfindung ist; sie könnten sich andere Mittel oder Theorien überlegen, z. B. die Regel: „Wer zuerst kommt, malt zuerst!"

- Der Utilitarismus führt oft zu Ergebnissen, die dem eigenen Gefühl widersprechen können. Jemanden zu exekutieren, der unschuldig ist, um dadurch weitere Verbrechen zu verhindern, erscheint z. B. abscheulich. Ein strenger Utilitarist aber dürfte es befürworten, da so die Not vieler minimiert und das Wohlergehen in diesem Sinne maximiert werden würde.

- Der Utilitarismus bemisst in seiner Theorie die Folgen einer Handlung. Es ist aber durchaus problematisch zu bestimmen, wann die Folgen einer Handlung tatsächlich ihr Ende haben, das es dann zu beurteilen gilt. Darüber hinaus: Wie bestimmen wir eigentlich, was die Folge einer Handlung ist? Sollen nur die direkten Konsequenzen bedacht werden oder alle theoretisch vorhersehbaren Folgen? – Da Menschen nur ein begrenztes Wissen von der Welt haben, kann niemand alle Folgen einer Handlung im Voraus erkennen – das sollte stets bedacht werden.

- Wie kann man tatsächlich Freude oder erreichtes Glück messen? Jeremy Bentham erstellte eine Tabelle, mithilfe derer er hoffte, die Menge an Nützlichkeit zu berechnen, die eine Handlung erzeugt. Letztlich erscheint es aber unmöglich, Empfindungen wie Freude oder Glück zählbar und vor allem vergleichbar zu messen. Die SchülerInnen sollten mit der Frage konfrontiert werden, wie sie in einzelnen Fällen quantifizieren würden: Wie viel Freude oder Schmerz erzeugt eine Handlung?

- Sind Freude oder Glück bei verschiedenen Menschen in verschiedenen Situationen als gleichwertig anzusehen? Kann ein Glück inhärent besser und wertvoller sein als ein anderes? Das dritte der speziellen Dilemmata verdeutlicht dieses Problem: Ist hohe Kultur besser/wertvoller als die einfache, gewöhnliche Freude im Alltag? Sollten wir eine Gesellschaft glücklicher Tiere oder unglücklicher Philosophen anstreben?

- Die SchülerInnen plädieren erfahrungsgemäß häufig dafür, sich gleichermaßen für beides stark zu machen: Glück und Freude zu maximieren und Not und Schmerz zu minimieren. Oft können wir nicht beides gleichzeitig erreichen und müssen wählen – und gerade das ist das Schwierige in einer ethisch fundierten Entscheidungsfindung!

- Häufig haben wir nicht die Zeit, über die Folgen einer Handlung nachzudenken, für die wir uns *jetzt* entscheiden müssen. JOHN STUART MILL empfiehlt für diese Situation die Anwendung von „sekundären Prinzipien" oder Regeln, die auf vergangenen positiven Erfahrungen basieren. Dieser Gedanke hat zur Trennung zwischen Handlungs- und Regelutilitaristen geführt. *Handlungsutilitaristen* schätzen die Konsequenzen jeder einzelnen Handlung ab, bevor sie eine Entscheidung treffen. *Regelutilitaristen* folgen normativen Regeln (wie etwa: „du sollst nicht lügen" oder: „du sollst nicht stehlen"), die das allgemeine Glück maximieren sollen, vor allem dann, wenn die Allgemeinheit diese Regeln befolgen würde. Betrachten wir das erste der speziellen Dilemmata des vorliegenden Materials, könnte ein Handlungsutilitarist durchaus die Organe der Koma-Patientin einsetzen, um zahlreiche andere Leben zu retten. Ein Regelutilitarist würde dagegen vielleicht das „Recht auf Leben" als allgemeine Regel vertreten und auch Menschen im Langzeitkoma nicht antasten.

- Wie soll Freude verteilt werden: an viele Menschen oder an wenige? Unsere spontane Antwort – und auch die von John Stuart Mill – würde wahrscheinlich lauten: ... selbstverständlich an möglichst viele Menschen! Daran anschließend könnte die Frage formuliert werden, ob die Freude weniger Menschen (wohlmöglich auch ihr Leben) für den Nutzen der Masse geopfert werden dürfte? Ein Utilitarist könnte durchaus zustimmen – was denken die SchülerInnen?

Philosophischer Hintergrund:

Die Theorie des Utilitarismus ist sehr einfach. Basierend auf dem *Prinzip des größtmöglichen Glücks* besagt sie:

> Eine gute Handlung ist eine, die das allgemeine Glück maximiert oder die allgemeine Not minimiert.
> Eine schlechte Handlung ist eine, die die allgemeine Not maximiert oder das allgemeine Glück minimiert.

Ein vereinfachtes Beispiel:

Ein Mann, Herr X, zieht eines Nachts los, überfällt hinterrücks Herrn Y und stiehlt ihm 50 Euro. Ist die Welt jetzt ein glücklicherer/unglücklicherer Ort? – Herr X hat unrechtmäßig 50 Euro hinzugewonnen und mag etwas persönliches Glück aus dieser Tat ableiten, sagen wir 10 Einheiten Glück (ein willkürliches Maß). Herr Y jedoch wird infolge der Tat leiden. Sein Leiden kann eine längere Zeit andauern, daher wird er vielleicht 100 Einheiten Glück verlieren. Seine Familie und Freunde dürften mehr oder weniger mit Herrn Y leiden und darum einen Verlust von sagen wir 80 Glückseinheiten zu verzeichnen haben. Alles in allem hat die Tat +10 Glückspunkte erzielt, aber -180 Leidenspunkte verursacht. Insgesamt hat die Tat das Leiden in der Welt vergrößert und ist folgerichtig eine moralisch böse Tat.

LEHRERSEITE

3.11 Gesundheit oder Wohlstand? [6 von 10]

Mögliches Punktesystem für die LehrerInnen

Hier wird eine Punktezählung vorgeschlagen, die an die Teams für ihre Entscheidungen, die einzelnen Patienten zu retten oder deren Behandlung abzulehnen, vergeben werden können. Benutzen Sie die Tabellen am Ende jeder Runde für jedes SchülerInnen-Team (die Seite einfach als Kopiervorlage nutzen). Markieren Sie bei jedem der Patienten die Punktzahl in der Spalte „retten" *oder* in der Spalte „ablehnen". Markieren Sie auch das Dilemma, das jedes Team ausgewählt hat: A oder B. Addieren bzw. subtrahieren Sie die Punktzahl, und übertragen Sie diese als Zwischensumme für die nächste Runde.
Die Beispieltabelle rechts zeigt, wie die Punkte zur Zwischensumme zusammengezählt werden: Für Runde 1 wurde hier eine Zwischensumme von 70 Punkten erzielt.

Team-Name:		
PATIENT	PUNKTE	
	retten	ablehnen
Runde 1 Rebekka Müller	(+20)	0
Tim Neumann	+10	(–10)
Henrietta Assmann	(+40)	0
Tanja Schröder	+40	(–10)
Katharina Schmidt	–10	(0)
Baby Paula	(–20)	+20
Dilemma	A	B
	0	(+50)
Zwischensumme	+70	

Team-Name:		
PATIENT	PUNKTE	
	retten	ablehnen
Runde 1 Rebekka Müller	+20	0
Tim Neumann	+10	–10
Henrietta Assmann	+40	0
Tanja Schröder	+40	–10
Katharina Schmidt	–10	0
Baby Paula	–20	+20
Dilemma	A	B
	0	+50
Zwischensumme		

Team-Name:		
PATIENT	PUNKTE	
	retten	ablehnen
Runde 1 Rebekka Müller	+20	0
Tim Neumann	+10	–10
Henrietta Assmann	+40	0
Tanja Schröder	+40	–10
Katharina Schmidt	–10	0
Baby Paula	–20	+20
Dilemma	A	B
	0	+50
Zwischensumme		

Team-Name:		
PATIENT	PUNKTE	
	retten	ablehnen
Runde 2 Kari und Oke	+40	–10
Ben Agyemange	–10	0
Ernst Plum	+10	0
Stephan Spragg	+20	–40
Maria Winzer	0	+20
Name nicht genannt	+10	–20
Dilemma	A	B
	+10	+50
Zwischensumme		

Team-Name:		
PATIENT	PUNKTE	
	retten	ablehnen
Runde 2 Kari und Oke	+40	–10
Ben Agyemange	–10	0
Ernst Plum	+10	0
Stephan Spragg	+20	–40
Maria Winzer	0	+20
Name nicht genannt	+10	–20
Dilemma	A	B
	+10	+50
Zwischensumme		

Team-Name:		
PATIENT	PUNKTE	
	retten	ablehnen
Runde 3 Bina Choudhury	0	0
Mark Reuter	+10	0
Paul Dittmann	+30	–10
Jeff Lange	+20	–10
Gerald Hollywood	–10	+20
Φ	0	0
Dilemma	A	B
	+50	+10
Zwischensumme		

Team-Name:		
PATIENT	PUNKTE	
	retten	ablehnen
Runde 3 Bina Choudhury	0	0
Mark Reuter	+10	0
Paul Dittmann	+30	–10
Jeff Lange	+20	–10
Gerald Hollywood	–10	+20
Φ	0	0
Dilemma	A	B
	+50	+10
Zwischensumme		

LEHRERSEITE

Vorlage für ein eigenes Punktesystem

Dieses Blatt können Sie als Blanko-Vorlage benutzen, wenn Sie eine eigene Punkteverteilung für die Spielrunden und Entscheidungsoptionen der SchülerInnen-Teams entwerfen wollen.

Team-Name:		
	PATIENT	PUNKTE
		retten / ablehnen
Runde 1	Rebekka Müller	(+20) / 0
	Tim Neumann	+10 / (-10)
	Henrietta Assmann	(+40) / 0
	Tanja Schröder	+40 / (-10)
	Katharina Schmidt	-10 / (0)
	Baby Paula	(-20) / +20
	Dilemma	A / B
		0 / (+50)
	Zwischensumme	+70

Team-Name:		
	PATIENT	PUNKTE
		retten / ablehnen
Runde 1	Rebekka Müller	
	Tim Neumann	
	Henrietta Assmann	
	Tanja Schröder	
	Katharina Schmidt	
	Baby Paula	
	Dilemma	
	Zwischensumme	

Team-Name:		
	PATIENT	PUNKTE
		retten / ablehnen
Runde 1	Rebekka Müller	
	Tim Neumann	
	Henrietta Assmann	
	Tanja Schröder	
	Katharina Schmidt	
	Baby Paula	
	Dilemma	
	Zwischensumme	

Team-Name:		
	PATIENT	PUNKTE
		retten / ablehnen
Runde 2	Kari und Oke	
	Ben Agyemange	
	Ernst Plum	
	Stephan Spragg	
	Maria Winzer	
	Name nicht genannt	
	Dilemma	
	Zwischensumme	

Team-Name:		
	PATIENT	PUNKTE
		retten / ablehnen
Runde 2	Kari und Oke	
	Ben Agyemange	
	Ernst Plum	
	Stephan Spragg	
	Maria Winzer	
	Name nicht genannt	
	Dilemma	
	Zwischensumme	

Team-Name:		
	PATIENT	PUNKTE
		retten / ablehnen
Runde 3	Bina Choudhury	
	Mark Reuter	
	Paul Dittmann	
	Jeff Lange	
	Gerald Hollywood	
	Φ	
	Dilemma	
	Zwischensumme	

Team-Name:		
	PATIENT	PUNKTE
		retten / ablehnen
Runde 3	Bina Choudhury	
	Mark Reuter	
	Paul Dittmann	
	Jeff Lange	
	Gerald Hollywood	
	Φ	
	Dilemma	
	Zwischensumme	

SCHÜLERSEITE

Gesundheit oder Wohlstand?

Runde 1		Ethikkomitee des Krankenhauses Neustadt	

Name	Rebekka Müller	Tim Neumann	Henrietta Assmann
Beruf	Physikerin	Künstler	Bundestagsabgeordnete
Alter	50 Jahre	35 Jahre	47 Jahre
Diagnose	Schwer beschädigte Netzhaut – Erblindung steht unmittelbar bevor.	Schwer beschädigte Netzhaut – Erblindung steht unmittelbar bevor.	Schwächung der Knochen
Erforderliche bzw. gewünschte Behandlung	**Neuimplantation des Sehnervs, der dem Krankenhaus *nur* 1-mal (vgl. Fall Tim Neumann) zur Verfügung steht.**	**Neuimplantation des Sehnervs, der dem Krankenhaus *nur* 1-mal (vgl. Fall Rebekka Müller) zur Verfügung steht.**	**Messung der Knochendichte und Physiotherapie**
Kosten (EWE)	11.000	11.000	5.000
Details	Als Forscherin von bedeutendem Rang hat Frau Müller Deutschland in die Spitze der internationalen Physik-Forschung gebracht. Ohne diese Operation kann sie ihre Arbeit nicht mehr fortsetzen.	Einer der „angesagten" Künstler des Landes, der seine spektakulären Leinwände u. a. mit den Inhalten wahllos gestohlener Mülleimer fertigt. Verliert Herr Neumann sein Augenlicht, kann er seine Arbeit nicht mehr fortsetzen. – Kein dringlicher Fall!	War kürzlich in einen Skandal verwickelt, sitzt aber in einer Reihe von Gesundheitskomitees. Beteuert in der Lage zu sein, dass Krankenhaus finanziell bedeutend zu fördern, wenn ihrer Behandlung Priorität eingeräumt werden würde.
Behandeln? Markiere!	Ja Nein	Ja Nein	Ja Nein

Name	Tanja Schröder	Katharina Schmidt	Baby Paula
Beruf	Schauspielerin	Persönliche Assistentin	–
Alter	30 Jahre	54 Jahre	2 Tage
Diagnose	Vorzeitig alternde Haut	Östrogen-Mangel	Downsyndrom mit Komplikationen
Erforderliche bzw. gewünschte Behandlung	**Hautbehandlung/Lifting**	**Hormon-Therapie**	**Sofortige Operation**
Kosten (EWE)	10.000	3.000	4.000
Details	Eine Schönheit, die Millionen von Kino-Besuchern begeistert und Inbegriff für Glück und Erfolg ist. Bekommt sie die gewünschte Behandlung nicht, wird sie in absehbarer Zeit von der Kino-Industrie nicht mehr beschäftigt.	Frau Schmidt möchte trotz ihres fortgeschrittenen Alters endlich ihr erstes Kind bekommen, was nur durch die Hormontherapie möglich wäre. Auch ihr Mann, der seit 20 Jahren Krankenpfleger im Neustädter Krankenhaus ist, möchte gern ein gemeinsames Kind.	Die kleine Paula hat eine blockierte Speiseröhre und kann ohne spezielles Gerät nicht essen oder atmen. Sie wird sterben, wenn sie nicht behandelt wird. Die Eltern wollen, dass Paula frei von Beschwerden und Schmerzen bleibt, haben aber der Gefahr eines natürlichen Todes zugestimmt.
Behandeln? Markiere!	Ja Nein	Ja Nein	Ja Nein

✱✱✱ SPEZIELLES DILEMMA ✱✱✱

Die Abteilung für Organtransplantationen hat dringend um Folgendes gebeten: 1 Lunge, 1 Herz, 1 Leber, 2 Nieren. Alle Organe kann Julia Kahrmann liefern, die als Komapatientin nur durch den Einsatz medizinischer Geräte am Leben gehalten wird. Sollte man:

Frau Kahrmann trotz minimaler Genesungsaussichten weiterhin künstlich am Leben erhalten und so die Transplantationen verhindern, die genau jetzt Leben retten könnten? **A**	Frau Kahrmann durch Abschalten der Maschinen (sechs Monate früher, als gesetzlich maximal vorgesehen) einen natürlichen Tod ermöglichen und die Organe verwenden, um das Leben fünf anderer Menschen zu retten? **B**

Startgeld: EWE 64.000
In dieser Runde ausgegebenes Geld: EWE _____
Noch verfügbares Geld: EWE _____

SCHÜLERSEITE

Gesundheit oder Wohlstand?

Runde 2 — Ethikkomitee des Krankenhauses Neustadt

Name	Kari und Oke	Ben Agyemange	Ernst Plum
Beruf	„TV-Stars"	Dichter	Importe und Exporte
Alter	3-jährige Katzen	32 Jahre	48 Jahre
Diagnose	Parasitäre Hauterkrankung, die zur Kahlheit führt	Fehlfunktion der Niere	Fehlfunktion der Niere
Erforderliche bzw. gewünschte Behandlung	**Felltransplantation; Spenderkatzen sind verfügbar.**	**Nierentransplantation – nur eine Niere steht dem Krankenhaus für einen solchen Eingriff zur Verfügung!**	**Nierentransplantation – nur eine Niere steht dem Krankenhaus für einen solchen Eingriff zur Verfügung!**
Kosten (EWE)	6.000	8.000	8.000
Details	Die beiden Katzen sind die Stars des nationalen Kinderprogramms; machen also regelmäßig unzählige Kinder für ein paar Nachmittagsstunden glücklich. Wenn der Haarverlust anhält, werden die Katzen aus dem Programm genommen.	Führender Dichter in seinem Heimatland Nigeria; kam als Asylant nach Deutschland. Vor kurzem erklärte ihn das Innenministerium zum illegalen Immigranten. Ihn erwarten Abschiebung und eine unsichere Zukunft, da er in seinem Heimatland bedroht ist.	Freimaurer und wohlhabender Bürger. Herr Plum ist in Neustadt aufgewachsen und spendet regelmäßig große Geldmengen an lokale Wohlfahrtsorganisationen. Er beschäftigt zudem 10 Ortsansässige in seiner Firma, die u. a. Waffen nach Nigeria liefert.
Behandeln? Markiere!	Ja Nein	Ja Nein	Ja Nein

Name	Stephan Spragg	Maria Winzer	Name nicht Genannt
Beruf	Arbeitslos	Arbeitslos	Arbeitslos
Alter	25 Jahre	19 Jahre	28 Jahre
Diagnose	Schwere Beinverletzung	Mit Drillingen schwanger	Im Schädel steckt ein Metallstück fest
Erforderliche bzw. gewünschte Behandlung	**Umfassende Operation, um Amputation zu vermeiden**	**Abtreibung eines der Drillinge**	**Operation, um einen dauerhaften Hirnschaden zu verhindern**
Kosten (EWE)	11.000	4.000	6.000
Details	Unschuldiges Opfer, das beim Bombenanschlag auf einen Fast-Food-Laden verletzt wurde. Ohnehin schon verdächtigt, mit weichen Drogen zu handeln, wurde bei der Einlieferung ins Krankenhaus tatsächlich Rauschgift gefunden. Hohes Medieninteresse an seinem Zustand.	Frau Winzer, eine alleinstehende Mutter, ist in der 20. Woche mit ihren Drillingen schwanger und fühlt sich emotional wie finanziell nicht in der Lage, mit den zu erwartenden drei Kindern fertig zu werden. Sie wünscht daher, einen der drei Fetusse abzutreiben.	Der Patient ist dringend verdächtig, als Terrorist für den Bombenanschlag auf den Fast-Food-Laden verantwortlich zu sein. Vermutlich detonierte die Bombe vorzeitig, wobei der Patient und ein unschuldig beistehender Gast schwer verletzt wurden. Hohes Medienineresse!
Behandeln? Markiere!	Ja Nein	Ja Nein	Ja Nein

*** SPEZIELLES DILEMMA ***

Kurzfristig wird festgestellt, dass sich ein Arzt mit dem Hepatitis-A-Virus infiziert hat. Es ist höchst unwahrscheinlich, dass sich irgendein Patient oder ein Mitarbeiter angesteckt hat. Sollte man:

den Tatbestand an die Öffentlichkeit weitergeben und für die Untersuchungskosten möglicher Betroffener aufkommen? Vielleicht würde das Krankenhaus zusätzlich in Verruf geraten. **A**	den Tatbestand geheim halten, um niemanden zu beunruhigen und darauf vertrauen, dass maximal 1–2 von 5000 Menschen infiziert wurden, deren Erkrankung auch so erkannt wird! **B**

Bereits verbrauchtes Geld (Runde 1): EWE _____
In dieser Runde ausgegebenes Geld: EWE _____
Noch verfügbares Geld: EWE _____

SCHÜLERSEITE

Gesundheit oder Wohlstand?

Runde 3 — Ethikkomitee des Krankenhauses Neustadt

Name	BINA CHOUDHURY	MARK REUTER	PAUL DITTMANN
Beruf	Arbeitslos	Parkwächter	Fußballprofi
Alter	24 Jahre	25 Jahre	32 Jahre
Diagnose	HIV-positiv	HIV-positiv	Knöchelverletzung
Erforderliche bzw. gewünschte Behandlung	„Wundermittel", von dem nur eine Dosis verfügbar ist (vgl. Fall Mark Reuter)	„Wundermittel", von dem nur eine Dosis verfügbar ist (vgl. Fall Bina Choudhury)	Wiederherstellung des Gelenkknorpels am Knöchel
Kosten (EWE)	7.000	7.000	11.000
Details	Die Dauer-Patientin des Krankenhauses leidet unter chronischer Blutarmut und hat den Virus vermutlich durch eine der Bluttransfusionen bekommen, die zur Linderung ihres Zustandes regelmäßig erforderlich sind.	Ein ehemals bekannter Heroinabhängiger, der sich vermutlich durch das Mitbenutzen von Spritzen im Drogenmilieu angesteckt hat. Nach einer erfolgreichen Therapie ist Herr Reuter schon seit längerem „clean".	Der Kapitän des FC Neustadt benötigt diese nicht unbedingt notwendige Operation, um zu seiner torreichen Bestform zurückkehren zu können. Neustadt spielt derzeit die beste Saison der Vereinsgeschichte – die ganze Stadt erwartet den Meisterschaftstitel!
Behandeln? Markiere!	Ja Nein	Ja Nein	Ja Nein

Name	JEFF LANGE	GERALD HOLLYWOOD	Φ
Beruf	Trainer für Extremsportarten	Ehemaliger Philosophie-Dozent	Rockstar
Alter	35 Jahre	37 Jahre	29 Jahre
Diagnose	Wiederholter Kreuzbandriss im rechten Knie	Chronischer Solipsismus	Leichte Beeinträchtigung der Stimmbänder
Erforderliche bzw. gewünschte Behandlung	**Knie-Operation**	**Psychologische Behandlung für eine kräftige Dosis Realität!**	**Behandlung der Stimmbänder**
Kosten (EWE)	4.000	3.000	13.000
Details	Herr Reuter verletzte sich sein Knie, als er bei den Deutschen Meisterschaften im Snowboarden eine 540°-Drehung vorführte. In diesem Jahr wird er schon zum vierten Mal ins Krankenhaus eingeliefert. Ohne die Operation verliert er seine Trainertätigkeit und damit seinen Lebensunterhalt.	Patient glaubt, die einzig existierende Person zu sein und verleugnet die Realität der Welt um ihn herum; kann sich nicht mehr um sich allein kümmern. Herr Hollywood lehnt die Behandlung nicht ab, weigert sich aber, die Existenz des Krankenhauses zur Kenntnis zu nehmen, behauptet gar, es sei nur ein Fantasiegebilde!	Die Rocklady hat aufgrund einer Stimmbänderkrankung seit kurzem ihr Markenzeichen verloren: ihre raue Stimme. Zwei Konzerte mussten bereits abgesagt werden, was Tausende von jugendlichen Fans enttäuscht hat. Die nicht lebensnotwendige Behandlung würde den alten Zustand wieder herstellen.
Behandeln? Markiere!	Ja Nein	Ja Nein	Ja Nein

*** SPEZIELLES DILEMMA ***

Die Freizeit-Abteilung des Krankenhauses leidet unter finanziellen Engpässen. Soll sie:

ein Fernsehprogramm mit Seifenopern für die Patienten abonnieren, das allgemein sehr beliebt ist, Programme aus Brasilien und Australien mit einschließt und mit seiner leichten Unterhaltung viele der Patienten von ihren Krankheiten ablenkt – und somit einige glückliche, unbeschwerte Stunden schenkt? **A**	in ein Kultur- und Bildungsangebot investieren, das von der Belegschaft aufgeführte Theaterstücke und eine Bibliothek umfasst sowie die Gelegenheit bietet, an einer Vielzahl von Vorlesungen zu unterschiedlichsten Themen teilzunehmen, die von den Patienten selbst angeboten werden? **B**

Bereits verbrauchtes Geld (Runden 1 + 2):   EWE _____
In dieser Runde ausgegebenes Geld: EWE _____
Noch verfügbares Geld für zukünftige Fälle: EWE _____

LEHRERSEITE

3.12 Was kostet die Erde?

Zum Spiel:

Das Spiel ermöglicht auf unterhaltsame Weise das Kennenlernen der Umweltethik. Teams denken sich Projekte aus, um der Umwelt zu helfen, die sie dann durch Absprachen mit dem Rest der Klasse zu finanzieren suchen.

> **Allgemeine Informationen:**
>
> **Zeitdauer:** ca. 80 Minuten
> **Gruppen-/Klassengröße:** Gruppen von 2–3 SchülerInnen; Klassengröße unbegrenzt
> **Erforderliche Materialien:** 20.000 EWE-Geldeinheiten für alle SchülerInnen (Geld-Kopiervorlagen s. S. 130–133)

Ziele:

Die ethischen Prinzipien, die hinter Umweltfragen liegen, sollen untersucht und die Fähigkeit der SchülerInnen zu kritischem Denken durch die Entwicklung und Präsentation von Argumenten verbessert werden.

Spielanleitung:

Skizzieren Sie den SchülerInnen das Spiel, bevor Sie beginnen: Die SchülerInnen sollen sich in Teamarbeit Projekte ausdenken, die der Umwelt dienen und die sie der Klasse in einer Auktion präsentieren werden. Die Klasse muss entscheiden, in welchen der Vorschläge investiert werden soll. Gewonnen hat das Projekt, welches 50 % oder mehr des Klasseninvestments auf sich verbucht. In gewisser Weise spiegelt das die reale Welt der Regierungen und NGOs (engl. Abkürzung für „Nicht-Regierungs-Organisationen") wider, die nur begrenzte Mittel in die Zukunft unserer Umwelt investieren können.

Phase 1 – Entwicklung der Projekte; ungefähr 10 Minuten:
Teilen Sie die SchülerInnen in Zweier- oder Dreier-Gruppen auf. Diese Gruppen sollen sich dann globale oder lokale Umweltprojekte ausdenken, die es wert wären, dass für sie viel Geld ausgegeben wird. Die SchülerInnen können dabei an Dinge denken, die verboten, bewahrt, in Stand gehalten, wiederhergestellt, geschützt, gerettet, verbessert usw. werden sollen.

Phase 2 – Entwicklung der Marketingstrategie; ungefähr 10 Minuten:
Die SchülerInnen bereiten eine Präsentation vor, um den Rest der Klasse davon zu überzeugen, dass es sich lohnt, in ihr Projekt zu investieren. Die Werbung darf nicht länger als zwei Minuten dauern und muss mindestens einen konkreten Grund anführen, warum dieses Projekt wichtig ist; die Argumentation muss auf einen bestimmten (ethischen) Wert bezogen sein (vgl. auch das Spiel 3.2: DAS ZIEL-SPIEL); Beispiele:

(1) Regenwälder sollten gerettet werden; das ist wichtig, weil Regenwälder außerordentlich viel Sauerstoff produzieren; wir brauchen Sauerstoff zur Erhaltung unserer Gesundheit; Gesundheit ist ein außerordentlich hohes Gut der Menschen.

(2) Recycling ist wichtig; es ermöglicht uns, langfristig bestimmte Produkte umweltfreundlich herzustellen; das hebt unseren Lebensstandard in einer gesunden Umwelt; unser Lebensstandard ist etwas, das vielen Menschen (oft rücksichtslos) wichtig ist.

Die SchülerInnen sollen alle möglichen Überzeugungsstrategien ausprobieren: Rhetorik, Sketche, Spielshows, visuelle Hilfen, Multimedia usw.

Phase 3 – Der Werbeblock; ca. 20 Minuten:
Die Gruppen preisen ihre Projekte der übrigen Klasse an: Die einzelnen Vorstellungen sollen auf keinen Fall länger als zwei Minuten dauern; die Gruppen müssen mindestens einen konkreten inhaltlichen Grund einfließen lassen, der auf einem konkreten (ethischen) Wert basiert. Weiterhin sollen die Teams den Namen ihres Projektes und die angeführten Gründe an die Tafel schreiben; all das bei jeder Gruppe wiederholen.

Phase 4 – Die Auktion; ca. 20–30 Minuten:
Jeder einzelne Schüler/jede einzelne Schülerin erhält nun 20.000 EWE. Die Auktion wird in zwei bzw. in drei Phasen unterteilt:

(a) **Lobbyarbeit vor der Auktion** – Diese kann in einer Pause oder in 15 freien Minuten während des Unterrichts erledigt werden, was von der Lehrsituation und dem zulässigen Lärmpegel abhängt. Einzelne SchülerInnen gehen durch die Klasse, preisen ihre Ideen an und trommeln Unterstützung für ihr Projekt zusammen. Es gibt die Gelegenheit zu öffentlichen Appellen an die ganze Klasse sowie zu privaten Verhandlungen, Allianzen, Absprachen usw.

(b) **Die eigentliche Auktion** – Rufen Sie die Klasse zur Ruhe und beginnen Sie dann die Auktion. Nach einer kurzen Darstellung aller Projekt werden die SchülerInnen gefragt, ob und welches einzelne Projekt sie unterstützen wollen. Bei positiver Reaktion heben sie ihren Arm und signalisieren die Summe Geld, die sie dem Projekt zur Verfügung stellen wollen. Ein Mitglied des Teams, das das Projekt vorgeschlagen hat, sammelt das Geld ein und zählt die Summe zusammen. Diese Vorgehensweise wird bei allen Projekten wiederholt.

Wichtig ist:

- Die SchülerInnen müssen all ihr Geld für die Projekte ausgeben – sie dürfen nichts behalten, also auch nichts zur Unterstützung des eigenen Projekts zurückhalten.

- Niemand darf Geld an das eigene Projekt vergeben.

- Die SchülerInnen sollen während der Auktion eigenverantwortlich handeln; jeder und jede ist für das eigene Geld verantwortlich.

- Die SchülerInnen können ihr ganzes Geld einem Projekt zur Verfügung stellen oder es zwischen so vielen Projekten aufteilen, wie sie es für angebracht halten.

Das Spiel kann an dieser Stelle enden. Das Team mit dem Projekt, das das meiste Geld auf sich vereinigen konnte, ist dann der Gewinner. Alternativ können Sie das Spiel auf folgende Weise fortsetzen:

(c) Wenn kein Projekt mehr als 50 % des Geldes auf sich vereinigen kann, wird das ganze Geld an die SchülerInnen zurückgegeben (jede/r erhält also ihre/seine 20.000 EWE zurück) und die Projekte mit der geringsten Unterstützung werden ausgeschlossen (ca. vier oder fünf, abhängig von der Gesamtzahl der Projekte). Den verbleibenden Teams werden 30 Sekunden zugestanden, um ihre Projekte nochmals anzupreisen und es folgt eine weitere Auktionsrunde. Dieser Vorgang kann wiederholt werden, bis ein Projekt mehr als 50 % des Geldes auf sich zieht.

Hinweise und Tipps:

- Die Präsentationen der einzelnen Projekte sind der Schlüssel zu diesem Spiel. Die SchülerInnen können dabei jedes Mittel anwenden, das sie für notwendig erachten – außer Einschüchterungen usw. Ermuntern Sie die SchülerInnen, möglichst einfallsreich vorzugehen.

- Die Präsentationen sollen strikt im erlaubten Zeitrahmen bleiben.

- Die SchülerInnen sollen sich bei den Präsentationen der anderen Teams fair und ruhig verhalten.

- Wenn die Teams ihre Präsentationen abliefern, müssen Sie vielleicht zur Klärung der gegebenen Begründungen beitragen, z. B. durch gezieltes Nachfragen: Was ist das eigentlich Wertvolle der Regenwälder? Oder: Ist eine gesunde Umwelt schon für sich allein wichtig oder nur aus bestimmten Gründen, die den Menschen betreffen?

- Weisen Sie die SchülerInnen zwei Minuten vor dem Ende jeder Phase auf die verstreichende Zeit hin, damit jedes Team die Möglichkeit hat, kontrolliert zum Ende zu kommen.

Diskussionspunkte:

- Welche Begründungen wurden angegeben, warum ein bestimmtes Projekt wertvoll oder wichtig ist? Ist jede Sorge um die Umwelt letztlich in einem (ethischen) Wert begründbar? Beziehen sich all diese Werte am Ende auf dieselbe Sache?

- Welche Schwierigkeiten gab es beim Auswählen der Projekte und dem Setzen von Prioritäten?

- Warum hat ein Projekt gewonnen und weshalb war es mitunter schwierig, einen klaren Gewinner zu ermitteln?

- Wie wurden die Entscheidungen der SchülerInnen beeinflusst? Was hat sie, wenn geschehen, überzeugt, ihre Meinungen zu ändern? Waren Rhetorik oder Freundschaft wichtiger als gute Begründungen?

- Mit Blick auf die Wahl der SchülerInnen: Gibt es irgendwelche allgemeinen Prinzipien, die auf Umweltfragen allgemein angewendet werden können? Zum Beispiel: die Vermeidung von Grausamkeiten/Zerstörungen, die Sorge um zukünftige Generationen oder einfach ästhetische Gründe.

- Was wären die SchülerInnen bereit zu tun oder aufzugeben, um ihre Prinzipien in die Tat umzusetzen?

LEHRERSEITE

3.13 Planet Thera

Zum Spiel:

Planspiel, das sich sehr gut eignet, verschiedene politische und soziale Fragen zu diskutieren. Die SchülerInnen müssen eine Reihe von Regeln vereinbaren, nach denen sie in einer neuen Existenz auf einem anderen Planeten leben wollen.

> **Allgemeine Informationen:**
>
> **Zeitdauer:** 30 Minuten
> **Gruppen-/Klassengröße:** Gruppen von je 6 SchülerInnen; Klassengröße unbegrenzt
> **Erforderliche Materialien:** Kopien der Arbeitsblätter für alle SchülerInnen

Ziele:

Die SchülerInnen sollen ermuntert werden, über eine Vielfalt von politischen Fragen nachzudenken; besonders darüber, in welcher Art von Gesellschaft und unter welchen Gesetzen sie gerne leben würden.

Spielanleitung:

Das Szenario – Da die Erde langsam unbewohnbar wird, haben verschiedene Regierungen beschlossen, Menschen für ein neues Leben auf einen anderen Planeten zu transportieren: nach Thera. Leider hat der Transmorpher, mit dem die Menschen nach Thera geschickt werden, seine technischen Grenzen: Die Menschen kommen auf Thera in einem anderen Körper an.

Thera ist in verschiedene Zonen aufgeteilt worden und die Regierungen bestehen darauf, dass sich die Menschen, bevor sie in das neue Leben aufbrechen, auf die sozialen Regeln und Gesetze verständigen, nach denen sie leben wollen. Jede Gruppe wird dann in eine Zone geschickt, die ihren Regeln entspricht.

Wie arbeitet nun der Transmorpher? Nun, um nach Thera zu gelangen, geht der Mensch in einen Neuro-Scanner, in dem das Gehirn von einem Computer „gelesen" wird. Diese Information wird dann in digitaler Form quer durchs Universum zu einer Rekonstruktionsmaschine auf den Planeten Thera geschickt, wo organische Materie verwendet wird, um das Gehirn wieder herzustellen. Die einzelnen Gehirne werden dann nach dem Zufallsprinzip einem von sechs zuvor gebildeten Körpern zugewiesen. Obwohl das Gehirn eines Menschen dasselbe sein wird, wird der entsprechende Körper doch ein anderer sein.

Die sechs Körpertypen, in denen sich also auch die SchülerInnen wiederfinden könnten, werden auf dem *Spezies-Bestimmungs-Blatt* (Schüler-Seite) präzise umrissen.

LEHRERSEITE

(1) Teilen Sie zuerst die Klasse in Gruppen ein. Geben Sie jeder Gruppe das *Spezies-Bestimmungs-Blatt* und teilen Sie mit, dass sich die ganze Diskussion darauf beziehen soll.

(2) Sagen Sie den SchülerInnen, dass das Ziel des Spiels darin besteht, faire und praktikable Regeln aufzustellen, denen alle für ihr neues Leben zustimmen können müssen. Um die Diskussion zu fokussieren, können Sie jeder Gruppe ein anderes Thema zuweisen. Themen können so gewählt und angepasst werden, dass sie den Bedürfnissen der Klasse entsprechen, sollten aber vielleicht Folgendes beinhalten:
- Familie, Kinder, Erziehung
- Arbeitsteilung, Belohnung für Arbeit
- Unterstützung von Bedürftigen, Gesundheitswesen
- Eigentum (privates oder öffentliches?), Besteuerung
- Leben und Tod: Euthanasie, Abtreibung
- Rechtsprechung: Kriminalität und Bestrafung
- Organisation der Gesellschaft: Führung, Wahlen, Demokratie
- Umwelt, Beziehungen zu anderen Lebewesen

(3) Nun müssen die SchülerInnen die relevanten Regeln ausarbeiten, nach denen sie leben wollen. Erinnern Sie daran: Der oder die Einzelne weiß im Vorhinein nicht, in welcher Art Körper das Leben auf Thera weitergehen wird.

(4) Nach der Gruppen-Arbeitsphase sollen die SchülerInnen der Klasse vorstellen, welche Regeln sie aufgestellt haben und wie sie sich das „zweite Leben" auf dem Planeten Thera vorstellen.

Hinweise und Tipps:

- Der Planet Thera ist in vielerlei Hinsicht wie die Erde: Er ist für den Menschen gut bewohnbar; es gibt Sauerstoff und Wasser; das Klima ist mild; die Tage sind 24 Stunden lang und es existieren Pflanzen und Tiere, die menschliches Leben zu erhalten vermögen.

- Um die Diskussion zu variieren oder auszuweiten, könnten Sie den SchülerInnen sagen, dass beispielsweise Wasser (oder eine andere Ressource) ein knappes Gut ist.

- In der Theorie sollte in diesem Planspiel ein faires, egalitäres System entstehen, da potenziell jeder und jede der SchülerInnen auf Thera ein schwaches Mitglied der Gesellschaft sein kann. Die Erfahrung zeigt, dass die SchülerInnen oft sehr zuversichtlich denken und darum bereit sind, Risiken einzugehen; sie wählen dann z.B. ein Gesellschaftsmodell, das auf Wettbewerb setzt. Es ist vielleicht nötig, daran zu erinnern, dass sie nicht allein aus ihrer momentanen Perspektive heraus argumentieren sollten, da sie im Moment nicht wissen können, welche physischen Eigenschaften sie später auszeichnen werden.

LEHRERSEITE

Diskussionspunkte:

- Sind die Regeln, nach denen die SchülerInnen auf dem Planeten Thera gerne leben würden, dieselben, wie die, nach denen sie auf der Erde leben möchten? – Einer der Sinnziele dieses Spiels ist es, dass die SchülerInnen lernen, aus einer anderen Position als ihrer eigenen, aber doch ganz konkret, über die Gesellschaft nachzudenken.

- Wir alle haben unsere eigenen egoistischen Interessen und dürften alle in einer Gesellschaft leben wollen, in der die Regeln *uns* bevorzugen, d. h. in der wir besonders privilegiert oder respektiert oder belohnt werden. Das Problem ist, dass wir nicht alle bevorzugt werden können, denn dann wären wieder alle gleich! Es scheint, dass wir die Wahl treffen müssen, in welcher Art Gesellschaft wir gerne leben würden: Entweder wäre es eine, in der egoistische Interessen beiseite geschoben werden, oder es wäre eine Gesellschaft, welche die Neigung hat, die egoistischen Interessen einiger weniger zu bevorzugen.

- Wie sähe eine gerechte Gesellschaft aus? Ist dieses Planspiel ein guter Weg, um die Regeln einer gerechten Gesellschaft herauszuarbeiten? – JOHN RAWLS war davon überzeugt: Er hat ein Gedankenspiel entwickelt, das er den *Urzustand* nennt und in dem er uns auffordert, uns vorzustellen, dass wir uns unter einem *Schleier des Nichtwissens* befinden. Wir wissen nicht, welches Geschlecht wir haben, welche Rasse, welches Alter, welche Fähigkeiten, welche klassen- oder sozioökonomische Stellung. Von diesem Urzustand aus müssen wir die Prinzipien, Regeln und Gesetze einer Gesellschaft ausarbeiten, in der wir leben möchten. Rawls dachte, dass jeder, der hinter diesem Schleier der Unwissenheit steckt, dieselben zwei Grundprinzipien von Gerechtigkeit entwickeln würde: Zum einen das Recht für jeden, so viel Freiheit zu besitzen, wie es sich mit der Freiheit der anderen vereinbaren lässt. Zum anderen das Prinzip der Chancengleichheit, durch das alle Ungleichheiten, die in der Gesellschaft entstehen, nur insoweit zu rechtfertigen sind, als jene davon profitieren, die am schlechtesten dran sind.

- Kann es zu viele Gesetze geben? – Wenn wir zu viele Gesetze und Pflichten haben, dann existiert weniger Freiheit, da wir diesen Gesetzen gehorchen und z. B. Steuern zahlen müssen, um Gesetze durchzusetzen, oder um ein freies Gesundheitswesen, um Erziehung und Organisation usw. anzubieten. JOHN STUART MILL glaubte, dass die Gesellschaft zu viele Gesetze habe, bis dahin, dass diese beeinträchtigen, worum wir uns am meisten sorgen: die Freiheit, unsere eigenen Ziele zu verfolgen. Er argumentierte, dass wir in Wahrheit nur ein Prinzip brauchen: dass wir niemals andere schädigen sollen. Mit anderen Worten sollten die Menschen frei sein zu tun, was immer sie wollten, solange sie damit niemanden schädigten. Gesetze sollen einzig und allein darin bestehen, eben dies zu gewährleisten.

- Kann es zu wenige Gesetze geben? – Einige Philosophen haben Mill dahingehend kritisiert, dass es zwar wahr sei, dass sein System (der minimalen

Einmischung durch die Regierung) dem Einzelnen Freiheit gibt, es aber die falsche Art Freiheit sei. Es ist leicht, sich eine von Mills Prinzip regierte Gesellschaft vorzustellen, in der es extreme Unterschiede in der Verteilung des Reichtums geben würde: Sicher, die Armen in einer solchen Gesellschaft wären frei von gesetzlicher Einmischung, doch wenn ihnen jedes Kapital fehlte, wären sie nicht in der Lage, auch nur irgendetwas zu tun. Was für eine Freiheit wäre das? So mancher würde unter dieser „Gesetzeslage" sterben müssen. Gesetze sind also notwendig, um den Ärmsten und Benachteiligten zu helfen, sodass auch sie eine positive Freiheit erhielten: die Freiheit, ihrer eigenen Ziele verfolgen zu können.

- Haben wir natürliche Rechte? – SchülerInnen könnten bestimmte Rechte auf Thera einfordern wollen: das Recht auf freie Rede; das Recht auf saubere Luft; das Recht, sich selbst mit Gewalt zu verteidigen etc. Viele Philosophen (z. B. JEREMY BENTHAM) haben argumentiert, dass es so etwas wie ein natürliches Recht nicht gibt, dass die einzigen Rechte, die existieren, Bürgerrechte sind, also solche, die in der Form eines Vertrages oder Gesetzes festgelegt wurden. Jedes Recht hat eine dazugehörige Pflicht. Und Rechte werden in ein Gesetz gegossen, durch das die Pflicht zu einer juristischen Verpflichtung wird. Das eingeforderte Recht auf saubere Luft könnte zum Beispiel für alle zur konkreten Pflicht führen, die Luft nicht zu verschmutzen; solch eine Pflicht könnte auch ein Gesetz werden. Oder das Recht auf Bildung bringt für die Gesellschaft die Pflicht mit sich, ein entsprechendes Bildungssystem bereitzustellen; das wiederum würde bestimmte Steuern erfordern, um ein solches System finanziell bewältigen zu können.

- Als besondere Übung können Sie die SchülerInnen auffordern, alle „Rechte", die sie niedergeschrieben haben, in entsprechende Pflichten und Gesetze umzuwandeln.

Die Ausgangssituation

Es ist das Jahr 2520. Vor allem aufgrund der globalen Erwärmung ist die Erde nicht mehr von Menschen bewohnbar. Eine Gruppe von euch wurde ausgewählt, sich den neuen Kolonien auf dem Planeten Thera anzuschließen. Um dorthin zu gelangen, muss jeder von euch den Transmorpher benutzen.

Der Transmorpher

Um nach Thera transportiert zu werden, musst du durch einen Neuro-Scanner gehen, in dem dein Gehirn von einem Computer „gelesen" wird. Diese Information wird dann in digitaler Form quer durch das Universum zu einer Rekonstruktionsmaschine auf den Planeten Thera geschickt, wo organische Materie verwendet wird, um dein Gehirn wiederherzustellen. Dein Gehirn wird dann nach dem Zufallsprinzip einem von sechs zuvor gebildeten Körpern zugewiesen (siehe das *Spezies-Bestimmungs-Blatt*). Obwohl dein Gehirn also auf Thera dasselbe sein wird wie in deinem Erdenleben, wird dein Körper ein anderer sein.

Die Aufgabe

Thera ist in verschiedene Zonen aufgeteilt. Um Konflikte zu vermeiden, haben die Regierungen darauf bestanden, dass jeder, der nach Thera aufbricht, detailliert ausarbeitet, nach welchen sozialen Regeln er zukünftig mit anderen leben will – und zwar *bevor* die Landung auf Thera erfolgt. *Die Aufgabe eurer Gruppe ist es nun, gemeinsam auszuarbeiten, nach welchen Regeln ihr auf Planet Thera leben wollt.* Versucht, dies so konkret wie möglich zu fassen: z. B. durch Gesetze und Verhaltensregeln, mit denen sich *jeder* einverstanden erklären kann. Wenn ihr auf Thera ankommt, werdet ihr einer Zone zugewiesen, in der das Leben euren Regeln entspricht. Ihr werdet dort den Rest eures Lebens verbringen müssen.

Beachte: Du weißt nicht, welchen Körper du auf Planet Thera haben wirst!

SCHÜLERSEITE

Spezies-Bestimmungs-Blatt

AUSSEHEN: 1,50 m; grün und mit zwiebelförmiger Stirn

ALTER: 80–120 Jahre

RASSE: vesuvischer Ingot

GESCHLECHT: männlich oder weiblich

STÄRKEN: außerordentlich gute manuelle Geschicklichkeit

SCHWÄCHEN: psychische Schwäche

AUSSEHEN: 1,05 m; blau und behaart

ALTER: 4–13 Jahre

RASSE: K/we

GESCHLECHT: männlich oder weiblich

STÄRKEN: braucht zum Überleben nur sehr wenig Nahrung

SCHWÄCHEN: neigt zu infektiösen Krankheiten

AUSSEHEN: 1,60 m; lila und ganz ohne Haare

ALTER: 19–29 Jahre

RASSE: gamenes

GESCHLECHT: Zwitter

STÄRKEN: schnell, agil und sehr gelenkig

SCHWÄCHEN: kann in Kälte nicht überleben

AUSSEHEN: 1,90 m; Gold oder Silber schimmernd

ALTER: 30–40 Jahre

RASSE: Cyborg mk VIII

GESCHLECHT: nicht spezifiziert

STÄRKEN: physisch sehr stark

SCHWÄCHEN: benötigt wöchentlich eine Bluttransfusion zum Überleben

---

AUSSEHEN: 1,40 m; hellrot und mit vier oder sechs Armen ausgestattet

ALTER: 13–18 Jahre

RASSE: ilenquod

Geschlecht: männlich oder weiblich

STÄRKEN: die zusätzlichen Gliedmaße bieten viele praktische Vorteile

SCHWÄCHEN: fast blind

AUSSEHEN: 2,30 m; ein oranger Riese

ALTER: 50–80 Jahre

RASSE: citroid

GESCHLECHT: männlich oder weiblich

STÄRKEN: kann ultraviolettes Licht und Infrarotlicht sehen

SCHWÄCHEN: muss jeden Tag mindestens 10 Liter Wasser zu sich nehmen

3.14 Es gibt keine Gesetze mehr!

Zum Spiel:

Eine einfache Übung, die auf dem imaginären Szenario beruht, dass plötzlich alle Gesetze abgeschafft werden würden.

> **Allgemeine Informationen:**
>
> **Zeitdauer:** 20–30 Minuten
> **Gruppen-/Klassengröße:** Die SchülerInnen arbeiten einzeln für sich; Klassengröße also unbegrenzt
> **Erforderliche Materialien:** Leeres Blatt Papier und einen Stift für alle SchülerInnen

Ziele:

Die SchülerInnen sollen angeregt werden darüber nachzudenken, wie eine Welt ohne jede normative Gesetzgebung aussehen würde. Zudem soll die Wechsel-Beziehung zwischen Ethik und der Notwendigkeit sozialer Regeln untersucht werden.

Spielanleitung:

(1) Lesen Sie den SchülerInnen das folgende Szenario im dramatischen Stil eines Nachrichtensprechers vor, der die plötzlich eintreffende topaktuelle Meldung verkündet:

> Plötzlich tauchen über unserem Klassenzimmer Hubschrauber auf, aus denen die folgende Nachricht verkündet wird:
>
> „Es gibt keine Gesetze mehr! Ich wiederhole: Alle Gesetze wurden abgeschafft! Keine Handlung, die Sie vollziehen, wird eine rechtliche Konsequenz haben, da es keine Gesetze mehr gibt. Polizei und Militär wurden aufgelöst, da es keine Gesetze mehr gibt, die durchzusetzen wären. Es gibt keine Gesetze mehr! Diese Regelung gilt ab sofort und auf der ganzen Welt!"
>
> Überall auf der Welt werden ähnliche Verlautbarungen gemacht: Es gibt keine Gesetze mehr, kein Rechtssystem, keine Gerichte, keine Polizei, kein Parlament, keine Strafen, keine Verbrechen – ab sofort!

(2) Die SchülerInnen sollen sich nun auf folgende Fragen Antworten überlegen und diese schriftlich festhalten.

Vorausgesetzt, dass es keine Gesetze mehr gibt:

a) Was würdest du in den nächsten zehn Minuten tun?
b) Was würdest du in den nächsten Tagen tun?
c) Was wäre dein langfristiger Plan?
d) Was würde mit der bestehenden Moral geschehen?
e) Wer glaubst du, würde in die gesellschaftlichen und politischen Spitzenpositionen aufsteigen?

Den SchülerInnen kann ruhig erlaubt werden, mit ihren jeweiligen Nachbarn zu diskutieren; ihre Antworten sollten aber klar die eigenen sein.

(3) Gehen Sie nun mit den SchülerInnen alle Fragen durch und diskutieren Sie jede der Reihe nach. Bitten Sie die SchülerInnen, einige ihrer Antworten laut vorzulesen – und diese auch zu begründen!

Hinweise und Tipps:

- Wenn die SchülerInnen ihre Antworten vorlesen, sollten sie eventuell in der Überlegung unterstützt werden, wie realistisch – oder eben nicht – die Antwortversuche sind. Ein Schüler könnte z.B. sagen: „Ich würde mir Ladungen von Waffen besorgen, einen Hubschrauber stehlen und versuchen, König von Deutschland zu werden!" Eine durchaus typische Schülerreaktion, aber doch eine absurd unrealistische Abfolge von Handlungen. – Ermuntern Sie die SchülerInnen, sich möglichst ernsthaft mit einer Gesellschaftssituation auseinander zu setzen, die keine verbindliche Gesetzeslage mehr kennt!

Diskussionspunkte:

- Wäre es unter den gegebenen Umständen möglich, aus einer großen Stadt ungefährdet herauszukommen? Würde Geld noch existieren? Ginge irgendjemand zur Arbeit? Gäbe es irgendwelche Züge, Busse oder öffentliche Dienste? Würde Panik im großen Maße ausbrechen? Wie lange würde ein solches Chaos andauern? Was würde die Armee ohne ihre gesetzlich festgelegte Führung tun?

- Dieses Spiel könnte auf Thomas Hobbes' Konzept vom „Naturzustand" bezogen werden, in dem das Leben „scheußlich, roh und kurz" sei. Meinen die SchülerInnen, dass in einer Gesellschaft ohne Gesetze Grausamkeit, Morde etc. weiter verbreitet wären als in einem gesetzlich geregelten Zusammenleben? Oder würden sich die meisten Menschen besonders bemühen, in einer guten, geregelten Weise zu leben? Enthüllt solch ein Szenario überhaupt irgendetwas über die „Natur des Menschen"?

- Eine der interessanteren Fragen ist, welche Art von Ethik oder Moral sich entwickeln würde: Das Gesetz des Dschungels, in dem „Macht gleich Recht ist"? In dem letztlich jene die Kontrolle übernehmen, die Waffen, Terror etc. in ihrem Handeln einsetzen?

LEHRERSEITE

3.15 Einen Moment bitte!

Zum Spiel:

Basierend auf einem von Platons berühmten Dialogen, bekommen die SchülerInnen hier die Gelegenheit, gleichzeitig zu handeln, zu argumentieren und zu denken!

Allgemeine Informationen:

Zeitdauer:	25–30 Minuten
Gruppen-/Klassengröße:	Am besten funktioniert das Spiel mit einer einzigen Gruppe von 12–20 SchülerInnen
Erforderliche Materialien:	Kopien des Dialogs „Einen Moment bitte!" für alle SchülerInnen; wenn möglich Summer oder Klingeln

---

Ziele:

Die SchülerInnen sollen die kritische Analyse von Argumenten lernen, indem sie die Diskussionsmethode des SOKRATISCHEN DIALOGS kennen lernen; auch soll in verschiedene Denkwege bezüglich Gerechtigkeit eingeführt werden.

Spielanleitung:

Szenario – Schauplatz ist das antike Athen vor 2.500 Jahren. Sokrates & Co. führen wieder einmal einen Diskurs über das Wesen von Moral; in diesem Fall über die Frage: „Was ist Gerechtigkeit?" Sie sind von einer Schar Bewunderer umgeben, die darauf hoffen, in diesen erlauchten Kreis philosophischer Stars aufgenommen zu werden. Um ein Mitglied in Sokrates' Gruppe zu werden, müssen die Bewunderer zeigen, dass sie seine DIALEKTISCHE Methode verstanden haben. Ihr Ziel muss es sein, Punkte zu machen, indem sie die rhetorischen Mittel der Disputanten entlarven, um Sokrates mit ihren philosophischen Fähigkeiten zu imponieren.

(1) Teilen Sie die SchülerInnen in Gruppen ein:
   a) Die *Autoritäten*: Sie übernehmen die Rolle des Sokrates und seiner Freunde und spielen damit zugleich die *Richter*, welche die philosophischen Fähigkeiten der *Kandidaten* beurteilen. Diese Rollen können auch ausgetauscht werden, um mehreren SchülerInnen die Chance zum Lesen zu geben.
   b) Zwei oder mehr Teams von *Kandidaten*: Sie bilden die Zuhörerschaft; etwa vier bis sechs SchülerInnen je Team. Sie alle werden versuchen, die Argumentationsmuster der *Autoritäten* zu erkennen und bloßzulegen.
(2) Geben Sie allen *Autoritäten* eine Kopie des Dialogs „Einen Moment bitte!" und auch mindestens eine oder zwei Kopien an jedes *Kandidaten*team.

(3) Die *Autoritäten* beginnen, den Dialog laut vorzulesen, als wäre es ein realistisches Gespräch, sollen also jeden „schauspielerischen" Schnörkel einbauen, der ihnen einfällt und die Rolle unterstützt, um absolut überzeugend zu klingen. Sobald es eine Intervention gibt, müssen die *Autoritäten* in ihrem Diskurs stoppen, die SchülerInnen also eine Lesepause einlegen.

(4) Das Ziel der *Kandidaten* ist es, möglichst viele Punkte für ihr Team zu erzielen. Sie tun dies, indem sie die *Autoritäten* in ihrer Argumentation erfolgreich ausspähen. Idealerweise sollten die *Kandidaten* Summer oder Klingeln haben, mit denen sie ihren Beitrag für die Diskussionsrunde ankündigen können. Wenn keine Klingeln vorhanden sind, können die SchülerInnen z. B. einfach auf den Tisch klopfen.

(5) Interventionen in die Runde können jederzeit erfolgen, jedoch sollten die Kandidaten nur nach folgenden vier Typen Ausschau halten:

    a) **Schlussfolgerungen:** Z. B. dann, wenn eine *Autorität* eine Argumentation abgeschlossen zu haben scheint. Die *Kandidaten* sollten auf Worte wie „*daher*" achten.

    b) **Leitende oder RHETORISCHE Fragen:** Z. B. dann, wenn eine *Autorität* eine Frage stellt, deren Antwort sie offensichtlich kennt und sie die Frage nur in die Runde wirft, um der eigenen Argumentation mehr Ausdruck zu verleihen.

    c) **Analogien oder Beispiele:** Z. B. dann, wenn eine *Autorität* zum besseren Verständnis einen Vergleich anbringt oder eine konkrete Situation, ein konkretes Geschehen anführt, um die eigene Argumentation zu unterstreichen.

    d) **Sarkastische Bemerkungen:** Eine sehr grobe – aber meist äußerst wirksame – Methode, den Gegner dumm aussehen zu lassen!

(6) Wenn eine inhaltliche Intervention stattgefunden hat, fordern die *Richter* den *Kandidaten* auf, zu erklären, worauf seine Argumentation beruht, warum er diese angebracht hat und auf welche Zeile des Diskurses er sich mit seinen Einwand bezieht. Dann stimmen sie darüber ab, ob es sich um eine zulässige Intervention handelt oder nicht. Zur Beurteilung sollten Punkte wie folgt vergeben werden:

> Schlussfolgerung – 10 Punkte
> Leitende oder rhetorische Frage – 7 Punkte
> Analogie oder Beispiel – 5 Punkte
> Sarkastische Bemerkung – 3 Punkte

Anmerkung – Eine Intervention in den Diskurs darf nicht erfolgen, bevor die *Autoritäten* die relevanten Wörter bzw. Argumentationsstränge tatsächlich ausgesprochen haben, d. h. Interventionen können nicht im Voraus erfolgen.

Hinweise und Tipps:

- Die zulässigen Interventionen sollten an die Tafel geschrieben werden, um die *Kandidaten* an die Gesprächsanteile zu erinnern, auf die sie achten sollen.

LEHRERSEITE

- Räuspern Sie sich mehr oder weniger unauffällig bzw. vereinbaren Sie mit den SchülerInnen ein Zeichen, das Sie anbringen, wenn alle Teams eine Möglichkeit zur Intervention verpasst haben.
- Die Teams können nach jedem der drei unterschiedlichen Teile des Dialogs ihre Rollen tauschen, sodass jeder die Chance erhält, zu intervenieren oder zu argumentieren.

Diskussionspunkte (siehe auch Spiel 3.16: DER SOKRATISCHE DIALOG):

- Platon benutzte in fast allen seinen philosophischen Aufführungen Sokrates als Hauptcharakter (bekannt als „*Dialoge*"). In diesen Dialogen diskutiert Sokrates mit anderen altgriechischen Persönlichkeiten die Bedeutung moralischer Konzepte, wie Tugendlehren, den Glauben an das Gute oder die Gerechtigkeit. In diesem hier vorliegenden Dialog (basierend auf Band 1 der „*Republik*") wird die Frage erhoben: „Was ist Gerechtigkeit?"

- Für Platon – wie für viele alte Griechen – war Gerechtigkeit eine Tugend, d.h. eine der hervorragenden Fähigkeiten, welche die Menschen besaßen, die sich auch in anderen Bereichen als tugendhaft auszeichneten. Insbesondere für Platon lebte die Gerechtigkeit in jenen Menschen, die auf Vernunft und Weisheit setzten, um ihr Leben zu gestalten. – Wird Gerechtigkeit heute noch immer für ein Wesenszug des Menschen gehalten? Oder wird Gerechtigkeit als eine Sache betrachtet, der man sich verbunden fühlen und für die man sich einsetzen kann oder nicht?

- Was halten die SchülerInnen für Gerechtigkeit? Haben einige der *Autoritäten* im Dialog Gerechtigkeit im Sinne der SchülerInnen beschrieben oder genannt? Ist es schon eine Frage nach Gerechtigkeit, wenn es darum geht, seine Schulden zu bezahlen oder zu Freunden wie Feinden gleichermaßen fair zu sein? Die SchülerInnen könnten über unterschiedliche Arten von Gerechtigkeit nachdenken wollen sowie über die Ziele von Gerechtigkeit. Handelt Gerechtigkeit von Bestrafung/Rache/Zurechtweisung/Fairness etc.?

- Platon formulierte eine klare Unterscheidung zwischen zwei Argumentations-Wegen: dem des Sokrates und dem der SOPHISTEN. Die sokratische Methode baute darauf, einsichtige Gründe für eine daraus resultierende Meinung anzugeben, bestehende Begriffe zu analysieren, bewertbare Kriterien zu suchen und in dieser Weise die Wahrheit zu finden. Demgegenüber wählten die Sophisten für ihrem Vortragsstil z.B. emotionale Rhetorik, um ihre Zuhörer direkt anzusprechen und auch unter Druck zu setzen, um sie zu überzeugen. In diesem Zusammenhang ist es eine interessante Frage, ob Sokrates in den Dialogen selbst vereinzelt zu den Methoden greift, die er nach Platon an seinen Gegnern so verachtet.

Einen Moment bitte!

Der Dialog

Die *Autoritäten*, in der Reihenfolge ihres Auftretens:

Der Erzähler	Der weise und freundliche Lehrer.
Sokrates	Die führende Persönlichkeit, ein geschickter und charismatischer Debattierer.
Kephalos	Ein reicher Geschäftsmann, im gesegneten Alter.
Glaukon	Platons älterer Bruder, ein Mann von wenigen Worten.
Polymarkos	Der Sohn des Kephalos, die Stimme der einfachen Leute.
Thracymachos	Ein zynischer alter Mann, geschult in der Kunst der Rhetorik.

Teil 1

Erzähler — *Sokrates und seine Freunde erholen sich auf der kühlen Marmorterrasse des Hauses von Polymarkos. Sie haben einen langen und harten Tag bei den Festspielen hinter sich. Die Weinstöcke ranken sich mit ihrer reichen Traubenfülle um die Säulen. Alles in allem herrscht also ein wunderschöner griechischer Sommerabend, an dem es nichts anderes mehr zu tun gibt, als miteinander ins Gespräch zu kommen. So belauschen wir die Philosophen mitten in einem Diskurs ...*

Sokrates — (*ein geschickter und charismatischer Debattierer*) Du siehst sehr gut aus in diesen Tagen, Kephalos. Sag uns, was ist dein Geheimnis?

Kephalos — (*im gesegneten Alter*) Nett von dir, mir das zu sagen, Sokrates, du kleiner Charmeur. Es ist wahr, das hohe Alter behandelt mich fein.

Sokrates — Es gibt viele, die das auf die Tatsache zurückführen würden, dass du einer der reichsten Männer Athens bist. Nicht, dass ich irgendeinen Neid hege – zumindest bist du nicht vom Geld besessen, wie einige andere Leute, die ich kenne.

Kephalos — Ich habe immer gesagt, dass Geld nichts wert ist ohne einen guten Charakter.

Sokrates — Wie wahr, wie wahr ... Hör mal, Kephalos, ich wollte dich immer schon mal fragen, was eigentlich das Beste am Reichtum ist?

Kephalos — Tatsächlich ist es nicht das, was du erwarten würdest. Es sind nicht die endlosen Partys, der Wein, der Umstand, dass du alles haben kannst, was du

SCHÜLERSEITE

	willst. Nein, nichts von all dem. Denn spätestens wenn du dem Tod gegenüberstehst, beginnst du, dich um ganz andere Dinge zu sorgen.
Glaukon	*(ein Mann von wenigen Worten)* Worum, um alles auf der Welt, brauchst du dich zu sorgen? Du hast mehr Geld, als ein Mensch im Leben ausgeben kann …
Kephalos	Auf der Erde muss ich mich um nichts mehr sorgen … Die Menschen sagen, wenn wir sterben, wird über uns geurteilt: Die Guten werden belohnt und die Bösen bestraft. Daher denke ich mir, ich sollte mich darum sorgen, ein guter Mann gewesen zu sein, der seine Schulden bezahlt und die Wahrheit gesagt hat usw. Sokrates, kennst du den Preis, den man heute für ein Opfer bezahlen muss? Hast du gehört, wie viel sie dir unten am Orakel für Eingeweide berechnen? Es ist unverschämt: 50 Drachmen für ein paar dürre Hühnerinnereien! Und noch eine andere Sache, der Preis von Fetakäse …
Sokrates	Setze noch einmal beim Beginn deiner Worte an, Kephalos. Du hast gesagt, weil du reich bist …
Kephalos	Oh ja, ja. Wegen meines bescheidenen Vermögens kann ich es mir leisten, meine Schulden zu begleichen, sowohl gegenüber den Göttern als auch der Gesellschaft. Ich sehe es so: Ich bin sicher ein einfacher Mann, doch solange ich die Wahrheit gesagt und zurückgegeben habe, was ich in diesem Leben schulde, werde ich auch im nächsten als ein gerechter Mann betrachtet werden – und so der Bestrafung entgehen.
Sokrates	Einen Moment, bitte. Ich war immer daran interessiert herauszufinden, was Gerechtigkeit ist, und du scheinst eine Antwort darauf gegeben zu haben. Sagst du, dass gerecht* zu sein meint, zurückzugeben, was man geliehen hat, und die Wahrheit zu sagen?
Kephalos	Das habe ich gesagt.
Sokrates	Hm, lass uns darüber nachdenken. Wenn ich also deinen Zeremonienwagen ausleihe und mich weigere, ihn zurückzugeben, dann ist das ungerecht. Oder wenn ich ihn dir zurückgebe und dir außerdem sage, ich hätte dein Gefährt mit größtem Respekt behandelt, wohingegen ich es tatsächlich dazu benutzte, den Jugendlichen auf dem Marktplatz zu imponieren, dann wäre auch meine Lüge nicht gerecht.
Kephalos	Zwei ausgezeichnete Beispiele, die meine Sichtweise belegen.
Sokrates	Wie ist es aber mit Folgendem? Nimm mal an, ein Bekannter hat dir eine Axt geliehen und etwas später geht das Gerücht um, er sei verrückt geworden. Dann klopft er eines Tages in einer dunklen Nacht mit schäumendem Mund an deine Tür und fordert seine Axt zurück, während er zu sich selbst murmelt: „Verrückt, sagen sie … Ich werde es ihnen zeigen … Oh ja, ich werde es ihnen richtig zeigen … Das wollen wir mal sehen, ob sie jetzt noch über mich lachen …" Meinst Du, es wäre richtig, ihm seine Axt zurückzugeben?

---

* Sokrates wählt den Begriff „gerecht" in der Weise, wie wir heute oft das Wort „moralisch" einsetzen, d.h. er bezieht sich in seiner Terminologie auf die Menschen und Handlungsweisen, die moralisch gut sind.

Kephalos	Ich mag alt sein, Sokrates, aber ich bin noch nicht senil! Selbstverständlich wäre es nicht richtig, ihm die Axt zurückzugeben.
Sokrates	Obwohl du die Axt von deinem Bekannten geliehen hast und darum in seiner Schuld stehst?
Kephalos	Ich würde ihn sogar belügen, wenn nötig. Schließlich ist der einzig sichere Weg zu verhindern, dass der Mann zu einem verrückten Axtmörder wird, der, ihn davon abzuhalten, indem er gar nicht erst in den Besitz einer Axt gelangen kann.
Sokrates	Auf der einen Seite behauptest du also generell, zurückzugeben, was man ausleiht und stets die Wahrheit zu sagen sei gerecht und richtig. Auf der anderen Seite sagst du, dass es manchmal richtig sei, nicht zurückzugeben, was man geliehen hat, und sogar zu lügen. Ich möchte dich nicht zurechtweisen, Kephalos, aber da hast du dir gerade selbst widersprochen.
Kephalos	Ähm, hör mal Sokrates, ich bin heute Abend nicht gut in Form. Bei den Festspielen haben wir eine Menge Wein getrunken und mein Kopf beginnt zu schmerzen.
Sokrates	Du brauchst dich nicht zu entschuldigen, mein Freund. Ich bin froh, dass wir uns über diesen Sachverhalt ausgetauscht haben. Ich denke, wir können unsere kleine Diskussion gemeinsam abschließen, indem wir zu der Erkenntnis gelangt sind, dass die Wahrheit sagen und Zurückgeben, was man geliehen hat, nicht grundsätzlich und in jedem Fall die richtige Definition von Gerechtigkeit ist.
Polymarkos	*(die Stimme der einfachen Leute)* Ich stimme dem nicht zu und ich kann dir zeigen, weshalb du, Sokrates, dich irrst und mein Vater in der Tat Recht hat.
Kephalos	Mein Sohn, mich langweilt all dieses Gerede. Ich werde Euch zwei Faulpelze die Auseinandersetzung allein fortführen lassen. Ihr scheint nichts Besseres zu tun zu haben. Ich muss gehen und einen Mann wegen eines Opfers im Tempel sprechen.
Sokrates	Manche Leute nehmen Philosophie einfach nicht ernst genug.
Glaukon	*(ein Mann von wenigen Worten)* Eines Tages werden sie es lernen.

Teil 2

Erzähler	*Glaukons Worte sollten sich als beinahe prophetisch erweisen. Denn als Kephalos starb, konfiszierte die Regierung von Athen sein Land und seine Reichtümer und weigerte sich, sie Polymarkos zu geben, dem sie rechtmäßig zustanden. Doch das lenkt von unserer Geschichte ab … So kehren wir zurück zu unseren Freunden und ihrer edlen Suche nach der Wahrheit:*
Sokrates	Polymarkos, als Erbe der Argumentation deines Vaters musst du uns sagen, was du denkst, was Gerechtigkeit ist. Wir würden dem alle gern näher auf die Spur kommen.

SCHÜLERSEITE

Polymarkos   Ich denke, wir können von dem weisen Mann Simonides etwas über diese Sache lernen. Er sagte einmal: „Es ist richtig, jedem zu geben, was ihm zusteht. Wenn es zum Beispiel um Geld geht, bezahle deinen Freund, bevor es dich reut."

Sokrates   Einen Moment, bitte *(Sokrates unterdrückt eine Träne)*. Ich bin wahrlich bewegt von solcher Weisheit. Offensichtlich hat Simonides in seiner Zeit einige feine Texte geschrieben, aber nach diesem beurteilt, waren sie nicht sehr philosophisch. Denn wenn dein großer Dichter Recht hat, Polymarkos, dann würde man dem verrückten Mann offensichtlich doch seine Axt schulden, und man müsste sie ihm folglich zurückgeben.

Polymarkos   Nein, nein, nein. Du verfehlst den Kern, Sokrates. Jedem zu geben, was ihm zusteht, meint nicht bloß Besitz. Es geht zum Beispiel darum, gut zu deinen Freunden zu sein und deinen Feinden zu schaden. Mit anderen Worten: den Leuten geben, was sie verdient haben.

Sokrates   Ah, das also hat dein Vater ausdrücken wollen. Hätte er das nicht in klarem Griechisch sagen können? Gerechtigkeit meint also, den Leuten zu geben, was wir jeweils für angemessen halten – was immer das auch ist.

Polymarkos   Ja, und wie ich dir eben sagte, kann das zum Beispiel heißen, unseren Freunden zu helfen, den Menschen also, die wir für gut halten, und unseren Feinden zu schaden, jenen also, die wir für schlechte Menschen halten. Verstehst du, worauf ich hinaus will?

Sokrates   Oh, du weißt, wie ignorant ich gegenüber diesen Dingen bin, Polymarkos. Ich stelle nur einige unschuldige Fragen, um die Konversation am Laufen zu halten. Aber hier noch ein weiterer Gedanke: Meinst du, es könnte unter irgendeinem Umstand gerecht sein, unseren Freunden zu schaden und sogar, wenn ich das einfügen darf, unseren Feinden zu helfen?

Polymarkos   Wenn ich dich nicht besser kennen würde, so würde ich schwören, du versuchst mich zu irritieren, indem du mir solche Fragen stellst und vortäuschst, nicht schon längst zu wissen, wie ich antworten werde.

Thracymachos   *(geschult in der Kunst der Rhetorik)* Ich werde dir mal was sagen: Mich irritiert er, das ist sicher! Eines Tages, Sokrates, wirst du einen mächtigen Tritt bekommen – das ist fällig, eigentlich längst *über*fällig!

Sokrates   Sag mir doch bitte, Thracymachos, durch dich oder durch wessen Gefolgsleute? Aber ich möchte mich entschuldigen. Wir sollten solche rhetorischen Streitereien vermeiden. Unser intellektueller Freund hier hat uns ein exzellentes Beispiel gegeben. Polymarkos, denkst du, ich sollte einen „mächtigen Tritt" bekommen – wäre das gerecht?

Polymarkos   Keinesfalls, weil du ein guter und sehr gescheiter Mann bist. Und es kann doch niemals richtig sein, guten, gescheiten Männern zu schaden.

Sokrates   Sag mir, Polymarkos, verwechseln wir manchmal einen guten Mann mit einem bösen und umgekehrt?

Polymarkos   Natürlich, wir machen alle Fehler. Aber wohin soll das führen, Sokrates?

Sokrates	Nun, mein Freund, korrigiere mich, wenn ich mich täusche. Aber hast du nicht gesagt, dass Gerechtigkeit meint, jenen Menschen zu helfen oder zu schaden, die wir für gut oder für böse halten?
Polymarkos	Von uns ist keiner taub!
Sokrates	Und so ist es nach deiner Berechnung gerecht, einem schlechten Mann zu helfen, wenn wir denken, er sei gut; und es ist ebenfalls gerecht, einem guten Mann zu schaden, wenn wir denken, er sei böse – beide Male handelt man ja guten und überlegten Gewissens. Trotzdem erinnere ich mich deutlich, dass du auch sagtest, es sei *niemals* gerecht, jemand Gutem zu schaden. Da scheinst du dir selbst zu widersprechen. Was würde dein Dichter denn jetzt sagen?
Polymarkos	Puuh! Was für ein Dummkopf bin ich gewesen, Sokrates, ich muss mich mit der Definition getäuscht haben.
Sokrates	Weißt du was? Das glaube ich auch. Daher war es kein wirklich weiser Mann, der sagte, Gerechtigkeit meine, jedem stets das Seine zu geben. Doch noch immer stehen wir vor dem Problem, noch immer nicht zu wissen, was Gerechtigkeit ist.

Teil 3

Erzähler	*Polymarkos sprach mit der Stimme der einfachen Leute, die glauben, es sei gerecht, jenen zu schaden, die wir für schlecht halten. In einer tragischen und ironischen Wendung der Geschichte fiel Polymarkos selbst dieser verzerrten Sicht von Gerechtigkeit zum Opfer: Er wurde von der Athener Regierung umgebracht, als sie die Ländereien seines Vaters konfiszierte.*
Thracymachos	Ich habe genug von dem Schund, den du erzählt hast, Sokrates. Hör dir doch mal selbst zu, du pathetischer Kerl! Du plapperst wie ein Baby mit all deinen höflichen Fragen: „Oh bitte, sag mir Polymarkos, stimmst du nicht zu, dass es nicht der Fall ist, dass Axtmänner in Pferdewagen Leute sind, von denen wir denken, dass wir denken, sie seien böse, von denen wir aber tatsächlich denken, sie seien gut ..." Totaler Blödsinn! Warum erzählst du uns nicht einfach, was deiner Meinung nach Gerechtigkeit ist – oder hältst die Klappe?
Sokrates	Sei nicht so streng mit uns, Thracymachos. Wir sind unwissende Leute. Clevere Kerle wie du, sollten Mitleid mit uns empfinden, anstatt gereizt zu sein.
Thracymachos	Jetzt fängst du schon wieder an, Sokrates; betreibst Effekthascherei, ziehst alle auf deine Seite, als ob uns das der Wahrheit näher bringen würde.
Sokrates	Du kannst glatt durch mich hindurchsehen, nicht wahr?
Thracymachos	Sag uns allen, mein weiser Freund, was deiner Meinung nach Gerechtigkeit ist. Und sag nicht: „Es ist eine Pflicht oder ein Vorzug oder ein Gewinn oder ...". Ich will eine präzise Definition!

Sokrates	Ha! Es ist, als fragtest du jemanden nach der Definition der Zahl 12 und fügst hinzu: „Aber sag mir nicht, es ist 2 x 6 oder 3 x 4 oder 7 + 5." Wie willst du, dass ich antworte? Soll ich lügen? Ich sag dir was: Wenn du mir eine „richtige" Definition sagen kannst, dann werde ich tausendfaches Lob über dir ausschütten.
Thracymachos	Du weißt, dass ich nicht ohne Geld vor Augen lehren mag ...
Sokrates	Ich werde dich bezahlen, sobald ich wieder Bargeld habe.
Glaukon	Wir werden für dich zahlen, Sokrates. Fahr fort, Thracymachos. Gib uns deine Antwort.
Thracymachos	Dann hört zu. Ich sage: Gerechtigkeit ist schlicht, was auch immer im Interesse derjenigen ist, die Macht besitzen. Alles, was ihnen hilft, ihre Macht zu bewahren, wird „gerecht" genannt werden. Das ist alles. – Wo ist nun dein Lob, Sokrates?
Sokrates	Du wirst es bekommen, wenn ich verstehe, wovon du sprichst. Sagst du mit deiner Definition, dass unser Glaukon hier, weil er physisch der Stärkste ist und darum der Mächtigste unter uns, bestimmt, was Gerechtigkeit ist? Ich bin sicher, dass der Verzehr vieler Eier seine Muskeln stark hält; aber behauptest du allen Ernstes, dass Gerechtigkeit im Verzehr von Eiern begründet ist?
Thracymachos	Sei nicht langweilig, Sokrates! Du verstehst mich absichtlich falsch. Mit „Macht" meine ich selbstverständlich politische Macht. Mit anderen Worten: die Herrscher eines Staates. In diesem Zusammenhang zeigt sich Gerechtigkeit darin, den Gesetzen eines Staates zu folgen, da sie zeigen, was die Herrscher als moralische Norm befolgt sehen wollen. Und die Gesetze gibt es einfach, um die Herrscher an der Macht zu halten. Das ist sicher nicht eine objektive, freie Definition von Gerechtigkeit, aber eine realistische!
Sokrates	Ich bin schockiert. Ich dachte, Gerechtigkeit meine, das Richtige zu tun.
Thracymachos	Du bist so naiv, Sokrates. Meinst du wirklich, gerecht zu sein, ist in der Öffentlichkeit mehr, als zu tun, was dir gesagt wird? Persönlich sage ich dir aber, dass es dir sicher besser geht, wenn du die Gesetze und Moralvorstellungen der Gesellschaft ignorierst und tust, was du kannst, um zu erreichen, was du willst. Wenn das in einer Gesellschaft bedeutet, ungerecht zu sein, dann sei es so.
Sokrates	Lass uns einen Gedanken zurückgehen. Erstens: Denkst du, ein Herrscher kann jemals Fehler bei dem machen, was in seinem Interesse ist?
Thracymachos	Ja natürlich! Schließlich ist es menschlich, sich zu irren. Außerdem handeln viele Herrscher nur aus Eigeninteresse, und das kann bekanntlich für viele andere ungerecht sein. Aber Gesetz ist Gesetz! Und die Gesetze bestimmen das Leben eines Volkes – ob die Menschen das wollen oder nicht; ob es *objektiv* gerecht ist oder nicht.
Sokrates	In diesem Fall sind Gesetze natürlich nicht immer gerecht, wie du es anfänglich noch definiert hast. Zweitens: Wann denkst du, dass ein Gesetz ungerecht sein kann – z.B. ein Gesetz, das Sophisten wie dir verbieten würde, in der Öffentlichkeit zu sprechen?

SCHÜLERSEITE

Thracymachos Ich verliere das Interesse, Sokrates, mach weiter mit deinen intellektuellen Spielchen.

Sokrates Nun, wenn du mit dem übereinstimmst, was ich eben gesagt habe, dann können wir schlussfolgern, dass Gerechtigkeit mehr ist als „was auch immer im Interesse der Herrscher ist". Und du, mein lieber Thracymachos, liegst falsch.

Thracymachos Sag mir, Sokrates, hast du ein Kindermädchen?

Sokrates Was meinst du?

Thracymachos Nun, sie lässt dich losziehen und herumfaseln, ohne dir die Nase zu putzen, und du kannst ihr nicht einmal den Unterschied zwischen einem Schaf und einem Hirten erklären.

Erzähler *Einige dieser antiken Witze verlieren sich mit der Übersetzung aus dem Alt-Griechischen. Die philosophische Auseinandersetzung setzt sich aber jedenfalls noch lange in die mediterrane Nacht hinein fort ...*

3.16 Der Sokratische Dialog

Zum Spiel:

Die SchülerInnen imitieren den Diskussions- bzw. Argumentationsstil Platons und schaffen ihre eigenen kleinen philosophischen Geniewerke.

> **Allgemeine Informationen:**
>
> **Zeitdauer:** 30 Minuten (5 Min. zum Lesen des Beispiels; 25 Min. zum Schreiben des Dialogs)
>
> **Gruppen-/Klassengröße:** Kleingruppen von 3 SchülerInnen; Klassengröße unbegrenzt
>
> **Erforderliche Materialien:** Kopie des Arbeitsblattes „Der Sokratische Dialog" für alle SchülerInnen; Stift und Papier

Ziele:

Das Spiel ist eine Übung in kritischem Denken. Indem die SchülerInnen versuchen, eine konkrete Vorstellung zu definieren, erlernen sie detailliert eine der Standardmethoden zur substantiellen Kritik eines Argumentes.

Spielanleitung:

Hintergrund – Die meisten der philosophischen Werke Platons erscheinen in der Form eines Dialogs zwischen Sokrates und mehreren anderen Persönlichkeiten, die sich in eine Diskussion oder Debatte verwickeln. Platons spätere Bücher sind tendenziell lange Monologe, in denen er Sokrates und manchmal andere Charaktere als Sprachrohr seiner Theorien benutzt. Doch die frühen Werke Platons sind wie Theaterstücke, in denen Sokrates eine spezifische Art des dynamischen Arguments verwendet, die als DIALEKTIK bekannt wurde.

Idealerweise sollte die Klasse mit dem Lernspiel 3.15: EINEN MOMENT BITTE vertraut sein, da es ein Beispiel des Sokratischen Dialog- und Debattenstils liefert.

(1) Gehen Sie mit den SchülerInnen aufmerksam das Arbeitsblatt „Der Sokratische Dialog" durch. Bevor Sie selbst einen Sokratischen Dialog schreiben können, müssen die SchülerInnen sich einige der wesentlichen Elemente ansehen, die mit einbezogen werden sollten.

(2) Teilen Sie die SchülerInnen in Dreier-Gruppen auf. Jede Gruppe soll einen Sokratischen Dialog verfassen, in dem Sokrates und zumindest ein weiterer Charakter auftritt. Die SchülerInnen können sich auf das angegebene Beispiel beziehen, aber erinnern Sie die Gruppen an die notwendigen Schritte, indem Sie die folgende Checkliste vorlesen, auf die sich jeder und jede beziehen soll:

a) Suche dir einige Charaktere aus, die mit Sokrates argumentieren sollen.

b) Wähle eine der (philosophischen) Ideen aus, die auf dem Zettel stehen, oder suche dir etwas anderes, das dir passend erscheint, jedoch keinen „Füller" (s. u. bei den *Diskussionspunkten*).

c) Lass einen der Charaktere den anderen in der Runde eine vorläufige Definition der Idee anbieten.

d) Dann lass Sokrates ein Gegenbeispiel geben: Etwas, das offensichtlich ein Beispiel für X ist, jedoch nicht die ursprüngliche Definition von X erfüllt. Sokrates kann nun die angebotene Definition zurückweisen.

e) Lass eine andere Person eine bessere Definition von X angeben, und lass Sokrates diese dann wiederum kritisieren.

f) Wage es ruhig, in den Argumentationen hin und wieder etwas sarkastisch zu werden, und habe auch Charaktere, die Sokrates auf ziemlich gelangweilte Art zustimmen.

Hinweise und Tipps:

- Die SchülerInnen könnten versuchen, lieber Gegenstände zu definieren als Ideen oder bestimmte Vorstellungen; das ist zwar leichter, aber sicher nicht so interessant!

- Erfahrungsgemäß ist es wichtig, den einzelnen Gruppen bei ihren Dialogen zu helfen.

Diskussionspunkte:

- Für jene SchülerInnen, die sich für die technischen Aspekte des Argumentes interessieren, sei hier angeführt, wie das erste von Sokrates' Gegenbeispielen funktioniert:
    - Herr Hayward hat behauptet, dass alle A's (Füller) B's sind (Dinge, die man zum Schreiben gebrauchen kann).
    - Sokrates bringt Herrn Hayward dann dazu, zuzustimmen, dass C (ein leerer Füller) ein A ist (ein Füller), aber dass C nicht ein B ist (weil man mit einem *leeren* Füller nicht schreiben kann).
    - Die Definition von Herrn Hayward lautet, dass alle A's zugleich B's sind; dennoch gibt es hier ein A, das nicht B ist. Also muss Herrn Haywards Definition falsch sein.

- Sokrates verwendete diese und ähnliche Methoden der Argumentation in seinen Debatten: Diese Methode ist als die der Widerlegung bekannt. Er zwingt Menschen, ihre Meinungen in Frage zu stellen, indem er zeigt, wie diese zu Widersprüchen führen. Sokrates war einer der ersten Philosophen, der allein durch die Verwendung von Logik argumentierte und nicht mit Emotionen oder kunstvollen Schlagwörtern und Verdrehungen: Sokrates predigte Vernunft anstelle von Rhetorik.

- Eine Besonderheit des Sokratischen Dialogs ist die Art, mit der Sokrates jeden seiner Mitstreiter einlädt, eine Definition vorzulegen, um diese dann auf irgendeine Weise als unzureichend zu enttarnen. Was im Idealfall passieren sollte ist, dass jede Definition eine bessere Version der je vorangegangenen Definition ist, da die Zuhörer aus ihren Fehlern lernen. Wir nennen dies das *„Finden der Kriterien oder speziellen Eigenschaften der zu debattierenden Ideen und ihrer Definitionen"*.

Anmerkung – Sokrates behauptet nie, eine differenzierte Kenntnis von den Dingen zu haben, über die er redet. Sein Ziel ist es, seinem Gegenüber zu zeigen, dass jene, die meinen, sie hätten Kenntnis von einer Sache, wohlmöglich nicht genug über sie nachgedacht haben. Mit dem Fortschreiten seiner Fragen erhält man das Gefühl, dass man einer tieferen und konkreteren Definition näher und näher kommt. Leider erscheinen nicht alle seiner Argumente überzeugend. Und es gelingt Platon, der Sokrates als Figur literarisch benutzt, erst in den Monologen seines späteren Werkes, seine Leserinnen und Leser von seinen Theorien mehr und mehr zu überzeugen.

Der Sokratische Dialog

Dies ist deine Chance, ein philosophisches Meisterwerk zu schreiben!

Folgendes musst du dafür tun: das Beispiel unten lesen, die einfachen Anweisungen befolgen und sogleich mit dem Schreiben beginnen!

Schritt 1 – Als Erstes musst du eine Idee, ein Konzept, eine Vorstellung wählen, die du analysieren oder definieren möchtest. Für Platon zählten dazu Schönheit, Weisheit, Wahrheit, Liebe, Wissen, Gerechtigkeit, Mut, Glauben. Alternativ könntest du dich auch mit Dingen wie Glück, Vollkommenheit, Freundschaft, Pflicht, der Gesellschaft oder der Seele beschäftigen. Die Ausgangsfrage erscheint in der Form: „Was ist …?"

Sokrates   *Was ist ein Füller? Kann mir das jemand sagen?*

Schritt 2 – Als Antwort bietet einer der Charaktere eine vorläufige Definition an: einfach das Erste, was ihm in den Sinn kommt, oder die spontane Meinungsäußerung nach gesundem Menschenverstand; die Aussage muss nicht wirklich philosophisch durchdacht sein:

Herr Hayward   *Ein Füller ist etwas, womit man schreiben kann.*

Schritt 3 – Sokrates zerstört die genannte Definition mit einem Gegenbeispiel. Dazu dient ein Gegenstand, der zu der definierten Gruppe gehört (in diesem Fall also ein Stift), aber *nicht* die oben gegebene Definition erfüllt:

Sokrates   *Eine gute Definition. Aber sagen Sie mir, Herr Hayward, sehen Sie diesen Gegenstand hier? Was ist das? (Sokrates hält einen Füller hoch)*

Herr Hayward   *Was für ein Trick soll das sein? Das ist natürlich ein Füller.*

Sokrates   *Könnten Sie bitte damit auf meiner Toga unterschreiben?*

Herr Hayward   *Selbstverständlich (versucht, mit dem Füller zu schreiben). Ich kann ihn nicht benutzen – er ist leer.*

Sokrates   *Was ist leer?*

Herr Hayward   *Der Füller.*

Sokrates   *Kann der Gegenstand in Ihrer Hand tatsächlich ein Füller sein?*

Herr Hayward   *Was möchten Sie damit sagen?*

Sokrates   *Nun, eben haben Sie definiert, ein Füller sei etwas, womit man schreiben kann. Doch da Sie mit dem Ding, das Sie da halten, nicht schrei-*

ben können, kann es nach Ihrer Definition kein Füller sein. Daher ist entweder Ihre Definition falsch oder es handelt sich bei dem Gegenstand nicht um einen Füller. Ich denke, Ihre Definition ist falsch. Stimmen Sie dem zu?

Schritt 4 – Die anderen Charaktere neigen dazu, Sokrates in einer sehr unterwürfigen Weise zuzustimmen, da sie meist in einer früheren Phase der Debatte schon von ihm widerlegt worden sind:

| **Herr Hayward** | *Ja gewiss, Sie haben Recht, Sokrates.* |

Schritt 5 – Eine andere Person schlägt dann eine bessere Definition vor, und der ganze Diskussions-Prozess wiederholt sich.

| **Herr Jones** | *Ich weiß eine Antwort, Sokrates. Jeder Gegenstand, der Tinte ausströmen ließ, lässt oder lassen wird, ist ein Füller.* |

Schritt 6 – Sokrates widerlegt die neue Definition, indem er eine Reihe von ablenkenden und scheinbar unwichtigen Fragen oder Suggestivfragen stellt, denen sein Zuhörer unweigerlich zustimmt. Sokrates' Schmeichelei macht den Zuhörer geneigt, der so eher bereit wird, Sokrates die Antworten zu geben, die er hören möchte. Schließlich lässt Sokrates die Falle zuschnappen und zeigt, dass sein Gegenüber dem widerspricht, was er *ursprünglich* gesagt hat.

Sokrates	*Alles, was Tinte ausströmt, ist also ein Füller?*
Herr Jones	*Ja, das ist richtig.*
Sokrates	*Kennen Sie das Tier, das in den Tiefen de Meeres lebt und acht Arme hat?*
Herr Jones	*Sie meinen eine Krake.*
Sokrates	*Oh, beeindruckend. Wie soll ich bloß eine Diskussion gegen jemanden gewinnen, der so gescheit ist wie Sie, Herr Jones. Aber lassen Sie es mich versuchen! Ich nehme nicht an, dass Sie auch wissen, wie sich eine Krake verteidigt, denn das würde sicherlich nur ein Meeresbiologe wissen.*
Herr Jones	*Sicher weiß ich auch dies, Sokrates. Eine Krake verteidigt sich, indem sie Tinte in das Gesicht ihres Angreifers spritzt.*
Sokrates	*Ich bin schon wieder beeindruckt. Würden Sie nun sagen, dass die Tinte, wenn sich eine Krake verteidigt, ausströmt?*
Herr Jones	*Natürlich, denn wie sonst würden Sie das Verlassen der Flüssigkeit aus dem Körper des Tieres beschreiben?*

Sokrates	*Jetzt bin ich sicher, dass Sie auch die Antwort auf meine nächste Frage kennen, außer Sie hatten einen Unfall und haben sich den Kopf verletzt.*
Herr Jones	*Nein, ich hatte keinen Unfall und bin wohl auf. Was ist also Ihre nächste Frage? Ich bin bereit.*
Sokrates	*Ist eine Krake ein Füller?*
Herr Jones	*Selbstverständlich nicht.*
Sokrates	*Sie müsste es aber nach der von Ihnen gegebenen Definition sein, denn sie strömt Tinte aus. Das war doch Ihre Definition für einen Füller, nicht wahr? Es könnte natürlich sein, dass Ihre Definition falsch ist.*
Herr Jones	*Ich denke, vielleicht ist sie das. Aber sagen Sie mir, oh weiser Sokrates, was ist Ihrer Meinung nach ein Füller?*
Sokrates	*Ich habe keine Ahnung.*

Schritt 7 – Denke daran, deinen Dialog mit einer gesunden Dosis Sarkasmus und Humor zu würzen!

Herr Jones	*Vielleicht können wir sagen, ein Füller ist alles, was Tinte verströmt und keine Krake ist!*
Sokrates	*Ich glaube nicht, dass wir das in irgendeinem Wörterbuch finden werden. Gibt es keine bessere Definition?*

4. Glossar

4.1 Schlüsselbegriffe

ANGEWANDTE ETHIK   *siehe* PRAKTISCHE ETHIK

AUTONOMIE = Selbstständigkeit, Unabhängigkeit. Die Fähigkeit, eigenständig (moralische) Entscheidungen zu treffen. Einige Philosophen haben behauptet, dass Autonomie entsteht, weil der Mensch rationale Entscheidungen fällen kann, die seine natürlichen Begierden betreffen, und widerstehen kann, um seine Begierden zu verändern. Wenn man in jedem Moment lediglich den natürlichen Bedürfnissen folgt, dann verfehlt man die Autonomie.

DAMMBRUCHARGUMENT   Ein informeller Argumentationstyp, der zeigen will, dass die Verbindung zwischen zwei Extremen dazu führen kann, dass man durch die Akzeptanz eines Extrems letztlich auch das andere wird akzeptieren müssen. In der Ethik sind Argumente wie diese üblich: Es wird angenommen, dass man, wenn man eine Sache erlaubt, im Zusammenhang unvermeidlich auch andere, vielleicht moralisch abzulehnende Dinge wird erlauben müssen. Ein Dammbruchargument könnte z.B. sein: Wenn man Abtreibung erlaubt, dann wird man eines Tages auch die Tötung von Kindern erlauben, weil die Hemmschwelle immer niedriger wird. In der Praxis wird versucht, zwischen einer Handlung und einer anderen stets eine Grenze zu ziehen, indem man sich immer wieder neu und unabhängig auf allgemein akzeptierte Kriterien bezieht.

DEONTOLOGISCH/DEONTOLOGIE = Ethik als Pflichtenlehre. Diese Form der normativen ethischen Theorie vertritt, dass bestimmte Handlungen getan oder nicht getan werden sollten, weil sie in sich richtig oder falsch sind. Bei dieser Theorie sind die Folgen unwichtig, denn was zählt, ist, eine Handlung zu vollziehen, weil wir eine (moralische) Verpflichtung dazu haben. Die meisten religiösen Verhaltenskodizes sind deontologisch, ebenso wie die moralischen Maximen von Immanuel Kant.

DETERMINATIV/DETERMINATION = bestimmend, begrenzend, festlegend/Bestimmung eines Begriffs durch einen nächstuntergeordneten, engeren. Das Gegenteil von freiem Willen oder Wahlfreiheit. Es ist der Glaube, dass alle Ereignisse, menschliche Handlungen eingeschlossen, vorherbestimmt oder unvermeidlich sind. Laut dieser Theorie ist freier Wille eine Illusion, obwohl viele Deterministen bereit sind anzuerkennen, dass es einen bedeutenden (moralischen) Unterschied gibt zwischen einer Tat, die zu tun der Mensch gezwungen ist, und einer Tat, die das Ergebnis eines eigenen Verlangens ist, das der Mensch hat.

Dialektisch/Dialektik = gegensätzlich/Philosophische Arbeitsmethode, die ihre Ausgangsposition durch gegensätzliche Behauptungen (These und Antithese) in Frage stellt und in der Synthese beider Positionen eine Erkenntnis höherer Art zu gewinnen sucht. Eine Form der Debatte, die im antiken Griechenland von Platon mit seinen Sokratischen Dialogen populär gemacht wurde; *siehe auch* Elenchus/Elenktik.

Elenchus/Elenktik = Gegenbeweis; Widerlegung/Kunst des Beweisens, Widerlegens, Überführens. Ein antiker griechischer Begriff, um die Stärke eines Arguments oder einer Sichtweise zu prüfen. In Platons frühen Dialogen benutzt Sokrates diese Form der Analyse, um die Theorien seiner Gegner zu untergraben: Indem er die Methode des steten Nachfragens und Antworten-forderns gebraucht, bringt Sokrates seine Rivalen dazu, unweigerlich ihre Ansichten zu offenbaren; später zwingt er sie durch seine geschickten Argumente zuzugeben, dass sie im Laufe des „Frage-Antwort-Spiels" eine andere Meinung zu vertreten begonnen haben, die der ersten Definition mitunter vollkommen widerspricht. Dies kann die Inkonsequenz einer Argumentation aufzeigen und ermöglicht es Sokrates, seine eigene Theorie als die stärkere darzustellen.

Ethik Lehre, vom sittlichen Wollen und Handeln des Menschen in verschiedenen Lebenssituationen. Jede konkrete Ethik (entsprechend eines religiösen oder politischen Systems etc.) enthält entsprechende Normen und Maximen der Lebensführung, die sich aus der Verantwortung gegenüber anderen herleiten. Philosophen neigen dazu, die Begriffe *Ethik* und *Moralphilosophie* austauschend zu verwenden. *Siehe auch* Normative Ethik und Praktische Ethik.

Eudaimonia/Eudaimonismus *Eudaimonia* ist ein antiker griechischer Begriff, der oft mit *Glück* übersetzt wird. Er wird von Platon und Aristoteles verwendet, um das Leben zu beschreiben, das wir alle führen wollen. Obwohl oft mit *Glück* übersetzt, ist *Eudaimonia* besser als *Blühen* zu verstehen: Jemand, der *eudaimonistisch* ist, dem gelingt sein Leben in dem Sinne, dass er sein Potential ausschöpft und so ein gutes, reiches Leben führt. *Eudaimonismus* ist entsprechend die philosophische Lehre, die im Glück des Einzelnen oder der Gemeinschaft die Sinnerfüllung menschlichen Daseins sieht.

Gesellschaftsvertrag Die Theorie, dass stabile Gesellschaften durch die Vereinbarung eines „Vertrags" gebildet werden, in dem die Individuen übereinkommen, persönliche Einschränkungen im Tausch für ein sie beschützendes Regierungs- bzw. Gesetzessystem in Kauf zu nehmen. Philosophen wie Hobbes benutzten das System des Gesellschaftsvertrags, um unsere moralischen Verpflichtungen dem Staat und anderen Individuen der Gesellschaft gegenüber zu verdeutlichen und zu rechtfertigen: Ohne diesen Vertrag sei die Gesellschaft chaotisch; diejenigen mit den gewalttätigsten Neigungen würden dominieren; das Leben schließlich wäre „scheußlich, roh und kurz".

Handlungen und Unterlassungen Die Theorie, dass es einen moralischen Unterschied gibt, ob man in bestimmten Situationen etwas tut, also *aktiv* wird, oder ob man nichts tut, also *passiv* bleibt. Demnach wird zwischen einer *Handlung* und einer *Unterlassung* unterschieden, auch wenn die Absichten und Folgen identisch sein sollten. Nach dieser Theorie hat es z. B. eine andere moralische Relevanz (*schlechter* im Sinne von *schlimmer*), wenn man jemandem eine tödliche Injektion verabreicht als ihn nicht zu füttern, obgleich beides, und zwar absichtlich, zum Tod führt. Weithin als moralisch unterscheidungswürdig akzeptiert; gesetzlich anerkannt; auch von verschiedenen religiösen Glaubensrichtungen vertreten.

HANDLUNGSUTILITARIST   *siehe* UTILITARIST/UTILITARISMUS

HEDONISTISCH/HEDONISMUS = Das Lustprinzip befolgend/In der Antike begründete philosophische Lehre, nach welcher das höchste ethische Prinzip das Streben nach Sinnenlust und Genuss ist. Der Glaube also, sich im Leben auf Freude, Spaß und Lust zu konzentrieren. *Psychologischer Hedonismus* ist die Theorie, dass alle unsere Handlungen darauf zielen, Freude etc. zu erzeugen. Mit anderen Worten: Es sei (moralisch) nicht zu rechtfertigen, eine Handlung zu vollziehen, die nicht auf Freude abzielt. *Utilitarismus* setzt auf eine Art *Hedonismus*, indem er anregt, die Freude für alle zu maximieren, weil schließlich alle möglichst viel Freude und Glück erfahren wollen.

KONSEQUENTIALISMUS   Diese Form der normativen ethischen Theorie vertritt, dass Handlungen allein aufgrund ihrer tatsächlichen oder wahrscheinlichen Konsequenzen als gut oder böse zu qualifizieren sind. Wenn eine Handlung z. B. Leiden vergrößert, dann ist sie eine schlechte Tat, was auch immer das Motiv war – obwohl der Person, welche die Handlung vollzogen hat, nicht notwendigerweise die Schuld zu geben ist. Wenn die Handlung Leiden vermindert oder Glück vermehrt, dann ist sie eine gute Tat. *Utilitarismus* ist eine Form des *Konsequentialismus*.

KÜNSTLICHE INTELLIGENZ   Ist es Maschinen möglich, zu denken? Haben sie eine künstliche Intelligenz? Einige Philosophen nehmen an, dass Maschinen bis zu einem gewissen Punkt denken können – mit Sicherheit aber nicht wie Menschen: Maschinen oder Computer können nicht träumen, sich verlieben, Schmerz empfinden usw.; sind sie keine bewussten Wesen wie Menschen. Falls Computer mit Bewusstsein entwickelt werden könnten, besäßen sie künstliche Intelligenz! Andere Philosophen haben formuliert, dass Computer, die in einer Vielzahl von Intelligenztests ebenso gut abschneiden würden wie Menschen, auch als „denkende" Dinge beschrieben werden müssten.

MATERIALISMUS   Philosophische Lehre, die die ganze Wirklichkeit – einschließlich Seele, Geist, Denken etc. – auf Kräfte oder Bedingungen der Materie zurückführt. Mit anderen Worten: Alles, was existiert, ist aus physischer Materie gemacht; das schließt effektiv jeden unerklärlichen, spirituellen bzw. transzendenten Aspekt des Universums aus; alle Handlungen oder Ereignisse werden mit rein materiellen Ursachen und Wirkungen erklärt.

MITTEL UND ZWECKE   *Zwecke* sind Ziele, Ergebnisse. *Mittel* sind Wege, diese zu erreichen. Beides wird oft zusammen gebraucht, z. B. in Sprichworten wie: „Der Zweck heiligt die Mittel". Auch Immanuel Kant formuliert in seinem Kategorischen Imperativ in diesem Zusammenhang: „Behandle andere Menschen immer auch als Zweck in sich, niemals nur als Mittel zum Zweck". Einfache Beispiele der Anwendung wären: Wenn ich einen Kessel Wasser aufsetze, ist dies das *Mittel*, um eine Tasse Tee zu machen, die den *Zweck* darstellt. Ein Zweck kann auch einfach Mittel zu einem anderen Zweck sein: Tee zu trinken z. B. kann ein Mittel sein, um wach zu bleiben oder den Durst zu stillen.

MORAL   *siehe* NORMATIVE ETHIK

MORALISCHER RELATIVISMUS   Die Einsicht, dass sich alle moralischen Urteile und Verhaltensweisen relativ zu einer bestimmten Person oder einer bestimmten Kultur verhalten – je den Umständen entsprechend. Relativisten meinen, dass es in der Ethik keine absoluten Tatbestände gibt; sie können z. B. behaupten, dass moralische Stellungnahmen denselben Wahrheitsstatus haben wie Meinungen über Geschmack oder Schönheit; sie formulieren weiterhin, dass Ethik primär eine Sache der sozialen bzw. gesellschaftlichen Konvention ist, daher also relativ.

MORALISCHES OBJEKT   Ein moralisches Objekt ist alles, an dem eine moralische Handlung vollzogen werden kann. Was Objekte betrifft, so denken wir oft an die Begriffe *Recht* und *Verpflichtung*: Wenn wir z. B. die Verpflichtung empfinden, ein Tier nicht zu verletzen (und es hat ein Recht, nicht verletzt zu werden), dann ist es ein *moralisches Objekt*. Wie weit der Begriff des moralischen Objekts auszuweiten ist (haben Amöben ethische Rechte?), wäre zu diskutieren.

MORALISCHES SUBJEKT   Jedes Wesen, das zu moralischem Handeln fähig ist, ist ein moralisches Subjekt; jemand, der die Fähigkeit hat, bewusst und eigenständig eine Wahl zu treffen und danach zu handeln. *Moralische Subjekte* sind also fähig, über ihr Handeln nachzudenken und sich dann für einen bestimmten Handlungsverlauf zu entscheiden, ohne dabei allein vom biologischen Instinkt getrieben zu sein.

NORMATIVE ETHIK   Normativismus ist die Theorie vom Vorrang des als Norm Geltenden, des Sollens vor dem Sein, der praktischen Vernunft vor der theoretischen. Die Normative Ethik ist demnach die philosophische Theorie, die konkrete Anleitungen oder Regeln dafür anzubieten versucht, wie wir handeln sollen. Wenn wir allgemein an Moral oder Ethik denken, so denken wir erfahrungsgemäß an die normative Ethik. Geläufige *normative Theorien* sind z. B. Kants ethische Theorie und der Utilitarismus.

NOTWENDIGE UND HINREICHENDE BEDINGUNGEN   *Notwendige Bedingungen* sind die Merkmale, ohne die X kein X wäre. Damit etwas ein Haus ist, ist es z. B. notwendig, dass es ein Gebäude darstellt. Obwohl es für ein Haus notwendig ist, ein Gebäude zu sein, ist das Gebäude-sein nicht hinreichend, um etwas automatisch zu einem Haus zu machen – dafür sind noch mehr konkrete Aspekte erforderlich. *Hinreichende Bedingungen* sind Merkmale, welche automatisch zur Folge haben, dass X ein X sein *muss*; wenn ein Staat z. B. eine Königin als Staatsoberhaupt hat, muss er gleichsam eine Monarchie sein.

NÜTZLICHKEIT   Der Nutzen einer Handlung, eines Ereignisses oder eines Objekts. Mit anderen Worten: das Potenzial der Handlung/eines Ereignisses/eines Objekts, um damit ein erwünschtes Ergebnis zu erreichen. In der Ethik soll dieses Ergebnis nach Möglichkeit die Interessen oder das Glück der Gesellschaft fördern. Utilitaristen glauben, dass eine moralisch gute Handlung den Nutzen maximiert, d. h. die größte Menge an Glück für möglichst viele erzeugt.

OBJEKT   *siehe* MORALISCHES OBJEKT

PFLICHT   *siehe* VERPFLICHTUNG

PRAKTISCHE ETHIK   Die Anwendung normativer ethischer Theorien auf konkrete Probleme oder Fragestellungen des wirklichen Lebens, wie Abtreibung, Krieg, Tierrechte usw.

PROBLEM DES BÖSEN   (sog. Theodizee-Problem) Ein Problem, das sich hauptsächlich religiös Gläubigen stellt: Wenn Gott allwissend, allmächtig und gleichsam die Liebe ist, warum erlaubt Gott dann, dass Schmerz und Leid auf der Welt existieren? Es hat viele Versuche gegeben, die Existenz Gottes gegen die Tatsache des Bösen zu verteidigen; andere Philosophen glauben, das Problem sei unüberwindlich.

QUALIA   Die besonderen Erfahrungen und Empfindungen, zu denen alle bewussten Wesen fähig sind: z. B. der süße Geschmack des Honigs, die Farben eines Sonnenuntergangs, das Gefühl einschlafender Körperteile usw.

RELATIVISMUS   *siehe* MORALISCHER RELATIVISMUS

RECHTE   Die gerechtfertigten Ansprüche einer Person oder eines Wesens als Mitglied einer Gesellschaft. Die Rechtslage einer Gesellschaft basiert heute gemeinhin auf einer vertraglichen Verpflichtung, z. B. dazu, vor Gewalt geschützt zu werden oder demokratisch wählen zu dürfen; die *Allgemeine Erklärung der Menschenrechte* ist z. B. eine weithin respektierte Festlegung universaler Rechte. JEREMY BENTHAM nannte die Vorstellung *natürlicher* Rechte einst „Unsinn auf Stelzen". Der Hang zahlreicher Gruppen, Rechte für sich zu beanspruchen (z. B. das Recht, Partys zu feiern!), ohne aufzuzeigen, auf welcher vertraglichen Verpflichtung diese Rechte basieren, hat dazu geführt, dass viel von der Diskussion über Rechte diskreditiert wurde.

REGELUTILITARIST   *siehe* UTILITARIST/UTILITARISMUS

RHETORISCH/RHETORIK = Redekunst. Die Kunst, öffentlich zu sprechen und ein Publikum für die eigenen Argumente zu gewinnen. Platon war ein Gegner der Rhetorik (wie sie von den Sophisten praktiziert wurde), weil sie sich nicht mit der Wahrheit beschäftige, sondern bloß damit, eine Zuhörerschaft von einer bestimmten Sichtweise zu überzeugen.

SELBSTZWECK   *siehe* MITTEL UND ZWECKE

SOKRATISCHER DIALOG   Dieser Titel wurde den frühen Stücken Platons gegeben, in denen die Person des Sokrates den Hauptakteur darstellt. Diese Dialoge sind dadurch charakterisiert, dass Sokrates die Leute um sich herum beharrlich über das Wesen moralischer Vorstellungen befragt. Platon gebraucht diese Methode des Fragens und Antwortens, um unser Verständnis von Begriffen zu verfeinern und um letztlich die Wahrheit über diese Begriffe zu finden.

SOPHISTEN   Name, welcher der uneinheitlichen Gruppe von Weisen gegeben wurde, die im 5. Jahrhundert v. Chr. durch die griechische Welt „wanderten". Sie waren die Vorgänger von Sokrates, Platon und Aristoteles. Obwohl sie keinen gemeinsamen Grundsatz hatten, waren die meisten von ihnen der Ansicht, es gebe keine normativen moralischen Wahrheiten und alles was zähle, sei, dass es einem im Leben gut gehe. Sie lehrten die Kunst der Rhetorik als ein Mittel, um gut zu leben – wenn man andere von allem, was man für richtig hält, überzeugen kann, dann besitzt man die Macht, zu bekommen, was man vom Leben will. Modern werden gern Vergleiche mit „Strippenziehern" und Werbefachleuten der heutigen Welt gezogen. Es war vor allem der moralische Zynismus, den Sokrates und Platon am meisten verachteten und auf den sie reagierten.

SPEZIESISMUS   Der Begriff wurde vom zeitgenössischen Philosophen PETER SINGER geprägt, um die ungerechtfertigte Diskriminierung bestimmter Spezies als verwandt mit Rassismus, Sexismus usw. zu beschreiben. Im Wesentlichen meint der Begriff, nur Menschen als tatsächliche moralische Objekte zu behandeln.

SUBJEKT   *siehe* MORALISCHES SUBJEKT

UTILITARIST/UTILITARISMUS = Philosophische Lehre, die im Nützlichen die Grundlage des sittlichen Verhaltens sieht und ideale Werte nur anerkennt, sofern sie dem Einzelnen oder der Gemeinschaft nützen. Als ethische Theorie, entscheidend weiterentwickelt von JOHN STUART MILL, sagt uns der Utilitarismus, wie wir uns verhalten sollen und wie nicht, um stets das größtmögliche Glück (im Sinne des größtmöglichen Nutzens) hervorzubringen. Demnach ist der Utilitarismus eine Ethik, die sich an den Folgen orientiert. Auf dem Glücks-Prinzip basierend ist die Ausformulierung des Utilitarismus sehr einfach:

Eine gute Handlung maximiert das allgemeine Glück bzw. minimiert Schmerz.

Eine schlechte Handlung maximiert den allgemeinen Schmerz bzw. minimiert Glück.

Utilitaristen sind der Auffassung, dass alle Menschen Glück erstreben und Leid vermeiden wollen. Je mehr Glück und weniger Leid es allgemein auf der Welt gibt, desto besser wäre die Welt. Daher sollten alle Menschen versuchen so zu handeln, dass die Welt glücklicher wird, und dabei alles vermeiden, was das allgemeine Leid vergrößern könnte. Utilitaristen denken, dass dieses einfache Prinzip hinter allen anderen ethischen Systemen steht.

Es gibt einen Unterschied zwischen Handlungsutilitarismus und Regelutilitarismus. *Handlungsutilitaristen* denken, dass wir Glück maximieren sollten, indem wir die Folgen jeder neuen Situation abschätzen. Das führt jedoch zu einer Reihe von Problemen, besonders dem Problem herauszufinden, was die Folgen jeder Handlung sein werden. *Regelutilitaristen* umgehen dies durch den Vorschlag, Glück zu maximieren, indem wir gewissen Grundregeln folgen, die in der Vergangenheit schon gezeigt haben, dass sie Glück maximieren. Welche Form er auch annimmt, der Utilitarismus ist eine der meistdiskutierten ethischen Theorien der Welt. Die Theorie ist in verschiedene Bereiche unseres Lebens eingedrungen und steht hinter vielen Regierungsmaßnahmen und Ressortberechnungen.

VERALLGEMEINERUNGSFÄHIGKEIT   Die Theorie, dass man von einer guten moralischen Handlung behaupten kann, dass „jeder in derselben Situation dasselbe hätte tun sollen bzw. können"; man verallgemeinert also eine konkrete Handlungsweise. Ein Beispiel: Ich könnte vor der Entscheidung stehen, ob ich mein Versprechen, mit meinem Neffen in den Zoo zu gehen, brechen soll oder nicht. Ich sollte mich dann fragen: „Was würde passieren, wenn jeder hin und wieder relativ leichtfertig ein Versprechen brechen würde?" Vermutlich würde irgendwann niemand mehr an Versprechen glauben; Versprechen würden ihre Bedeutung verlieren und vermutlich irgendwann nicht mehr existieren. Die Fähigkeit, mein Verhalten verallgemeinernd durchzudenken, hilft bei der Entscheidung so oder anders zu handeln. Das konkrete Beispiel hier führt zu dem Schluss, dass ich mein Versprechen halten sollte, wenn ich nicht will, dass der bedeutungsvolle Brauch des Versprechens in unserem zwischenmenschlichen Zusammenleben verloren geht.

VERPFLICHTUNG oder PFLICHT   Zu etwas verpflichtet sein bedeutet, etwas zu tun, das durch einen Vertrag oder eine implizite Übereinkunft vereinbart wurde. Eine *Verpflichtung* kann sich sowohl auf etwas beziehen, das ich tun soll, als auch auf etwas, das ich unterlassen soll. Verpflichtungen sind in der Regel an bestimmte Rechte oder Werte gebunden. D.h.: Wenn jemand ein Recht auf X hat, dann habe ich entweder eine Verpflichtung, ihm zu helfen, X zu bekommen, oder ihn zumindest nicht davon abzuhalten. Einige Philosophen, wie etwa Kant, haben argumentiert, dass eine ethisch gute Tat die ist, die getan wird, weil es meine Pflicht ist, sie zu tun, und nicht, weil sie mir irgendeinen Gewinn bringt.

ZIEL   *siehe* MITTEL UND ZWECKE

ZWECK   *siehe* MITTEL UND ZWECKE

4.2 Die wichtigsten Namen

ARISTOTELES (384–322 v. Chr.)   Antiker griechischer Philosoph. Als Schüler Platons verfeinerte Aristoteles die Ideen seines Lehrers, verwarf aber Platons Theorie von einer perfekten Welt der Formen. Er entwickelte eine Philosophie, die auf der Beobachtung dieser Welt basiert. Er führte die ersten

Regeln der Logik ein, schrieb über fast jedes wissenschaftliche Thema und gründete schließlich seine eigene Hochschule, das Lyzeum, als Konkurrentin zu Platons Akademie. In der Ethik gilt sein Argument, dass wir alle nach Eudaimonia (Glück) im Leben streben und dass wir sie erreichen, indem wir unsere Funktion als Menschen erfüllen (also durch logisches Denken), als das bedeutsamste. Wie Platon war er weitaus mehr damit beschäftigt, Menschen zu ermuntern, einen guten Charakter zu entwickeln, als eine Theorie über gute oder schlechte moralische Handlungen zu entwerfen.

BENTHAM, JEREMY (1784–1832)   Englischer Philosoph; wird als Vater des Utilitarismus betrachtet. Seine *Einleitung in die Prinzipien der Moral und der Gesetzgebung* (1789) ist ein klassischer Text, der sich damit beschäftigt, utilitaristische Prinzipien für Regierung und Gesetzgebung in die Tat umzusetzen. Benthams Version des Utilitarismus war sehr einfach: Eine Handlung ist gut, wenn sie insgesamt die Freude derjenigen, die sie betrifft, maximiert und ihren Schmerz minimiert.

DARWIN, CHARLES (1809–1882)   Englischer Naturforscher. Darwins *Über die Entstehung der Arten* (1859) begründete den Gedanken der Evolution durch natürliche Auslese und etablierte ihn als Erklärung für die Vielfalt der Arten und ihre Anpassung an die Umwelt. Obwohl die Theorie durch nachfolgende Generationen verbessert worden ist, wurde sie nie abgelöst und demnach enorm einflussreich: z. B. auch im Blick auf das biblische Schöpfungsverständnis.

DAWKINS, RICHARD (*1941)   Als Bestseller-Autor von *Das egoistische Gen* (1976) und Professor für das Öffentliche Verständnis der Naturwissenschaften an der Universität Oxford hat er viel für die Popularisierung der darwinistischen Sicht von Evolution, menschlichem Verhalten und Moral getan.

HOBBES, THOMAS (1588–1679)   Englischer Philosoph. Hobbes war Zeitzeuge des Aufstandes gegen die Monarchie, der seinerzeit zum Englischen Bürgerkrieg führte. Infolgedessen beschäftigte sich seine moralische und politische Philosophie, wie sie sich im *Leviathan* (1651) ausdrückt, damit, Gründe anzugeben, warum wir dem Staat gehorchen sollen, um so z. B. die Schrecken des Bürgerkrieges zu vermeiden. Er war ein ängstlicher Mann und glaubte, dass alle Menschen ihrem Wesen nach egoistisch seien – der einzige Grund, warum wir überhaupt moralisch sind, liege darin, dass es in unserem eigenen Interesse ist, die Folgen eines „Naturzustandes", d. h. einer Welt ohne Gesetze, zu vermeiden. Was Hobbes zu leisten vermochte, war seine plausible Erklärung dafür, wie Ethik unabhängig von jedem religiösen oder metaphysischen Glauben begründet werden kann.

KANT, IMMANUEL (1724–1804)   Deutscher Philosoph. Kant war davon überzeugt, dass der wichtigste Schritt das Denken *vor* dem Handeln ist. Er war der Überzeugung, dass wir immer den richtigen Handlungsverlauf herausfinden könnten, indem wir über alle Probleme logisch nachdenken. Er schlug einen Denkweg vor, eine Formel, die uns befähigen würde herauszufinden, wie das Richtige zu tun sei: Wenn wir glauben, eine richtige Handlung vollzogen zu haben, meinen wir, dass jeder andere in derselben Situation dasselbe hätte tun sollen. Kant glaubte, als vernünftige Wesen sollten wir nur so handeln, dass wir es aufrichtig auf alle Menschen anwenden könnten. Hinter dem so genannten *Kategorische Imperativ* steht folgender Sinn: „Handle nur nach der Maxime, von der du zugleich wollen kannst, dass sie allgemeines Gesetz wird." *Siehe auch unter* VERALLGEMEINERUNGSFÄHIGKEIT.

MILL, JOHN STUART (1806–1873)   Englischer Philosoph. Er schrieb u. a. über Utilitarismus, Freiheit und Frauenrechte. Sein Argument aus dem Werk *Über die Freiheit* (1859), dass der Staat nur zur Einschränkung der Freiheit des Individuums berechtigt ist, um Schaden für alle zu verhindern, hat einen wichtigen Einfluss auf das liberale Denken ausgeübt. Mills Version des Utilitarismus unterschied sich von der seines Lehrers Bentham insofern, als Mill zwischen verschiedenen Arten von Glück oder Freuden differenzierte („höheren" und „niedrigeren"), von denen einige wertvoller seien als andere.

PLATON (ca. 428–347 v. Chr.)   Antiker griechischer Philosoph, ohne den die gesamte Philosophie kaum denkbar scheint: Wie ein moderner Philosoph sagte, ist alle Philosophie eine Fußnote zu Platon! – Obwohl es schon vor Platon Philosophen im antiken Griechenland gegeben hatte, versuchte er als erster, *systematisch* alle philosophischen Probleme zu behandeln, die aufgekommen waren. Dabei entwickelte er die westliche philosophische Tradition der Analyse von Argumenten und der Entwicklung von Theorien aufgrund von begründetem, logischem Denken. Seine frühen Werke sind als Theaterstücke geschrieben, die um den Erzähler Sokrates (Platons Lehrer) herum aufgebaut sind. In diesen Stücken diskutiert Sokrates das Wesen der Moral mit einer Vielzahl gelehrter Charaktere. In seinen späteren Jahren gründete Platon die erste Hochschule der westlichen Welt, die Akademie von Athen, und wurde der Lehrer des Aristoteles.

RAWLS, JOHN (*1921)   Amerikanischer Philosoph. Rawls' *Eine Theorie der Gerechtigkeit* (1971) erstreckt sich über die Theorie vom Gesellschaftsvertrag, in dem er anregt, die Vorstellung von Gerechtigkeit in einer hypothetischen Diskussion auf einem „Urzustand" der Gleichheit zu begründen. In diesem Urzustand hängt ein „Schleier des Nichtwissens" über den Beteiligten, sodass sie nichts über sich selbst wissen: nichts über ihre soziale Stellung, ihre Gesundheit, ihr Vermögen usw. So ist jedes Eigeninteresse von der Debatte ausgeschlossen. Rawls fordert auf, nachzuvollziehen, zu welcher Vorstellung von Gerechtigkeit die Beteiligten unter den genannten Umständen gelangen würden. Er ist der Überzeugung, dass das daraus resultierende Konzept ein Konzept der Fairness und Gleichheit sein würde – die Menschen würden danach streben, Freiheit und einen vernünftigen Lebensstandard für alle zu bewahren.

SINGER, PETER (*1946)   Australischer Philosoph, der sich für die Ethik von Leben und Tod sowie für Tierrechte einsetzt. Singer ist zeitgenössischer Utilitarist, der diese Theorie ausgeweitet hat, um nicht-menschliche Wesen einzuschließen, *siehe auch unter* SPEZIESISMUS.

SOKRATES (ca. 470–399 v. Chr.)   Antiker griechischer Philosoph. Sokrates lieferte den Impuls, der zur Errichtung der westlichen philosophischen Tradition durch seinen Schüler Platon führte. Er schrieb jedoch nichts selbst und beschränkte sich auf Debatten und Diskussionen mit anderen Philosophen und Sophisten. Alles, was wir von ihm wissen, stammt aus den Schriften seiner Zeitgenossen, den Dialogen des Platon und den Verweisen von Aristoteles. Die Figur des Sokrates, wie sie uns von Platon präsentiert wird, ist die eines bescheidenen Mannes mit scharfem Verstand und ebensolcher Zunge, der sich der Aufgabe verschrieben hat, die Widersprüche in den Meinungen anderer auszumachen und zu überwinden. Er behauptete oft, dass er unwissend sei (oder zumindest nur insofern weise, als er nicht vorgab, irgend etwas zu wissen) und nur daran interessiert, die Ansichten anderer zu überprüfen. Im Jahr 399 v. Chr. wurde er festgenommen und durch die Athener Regierung zum Tode verurteilt. Sein Gerichtsverfahren und seine letzten Lebensstunden wurden in zwei von Platons frühen Dialogen geschildert, in der *Apologia* und dem *Phaidon*.

5. Anhang

5.1 Ethische Währungseinheiten

Auf den folgenden Seiten finden Sie Kopiervorlagen für die Währungseinheiten, die für die Planspiele 3.11 und 3.12 benötigt werden.

Anhang Ethische Währungseinheiten

Kopieren (und laminieren) Sie jede der drei WährungsEinheiten auf eine andere Hintergrundfarbe.

AUGE UM AUGE UM AUGE UM AUGE UM AUGE UM AUGE UM AUGE UM

5000 EWEs
Fünftausend Ethische WährungsEinheiten

WÜRDE DIE WELT BLIND MACHEN   WÜRDE DIE WELT BLIND MACHEN

AUGE UM AUGE UM AUGE UM AUGE UM AUGE UM AUGE UM AUGE UM

5000 EWEs
Fünftausend Ethische WährungsEinheiten

WÜRDE DIE WELT BLIND MACHEN   WÜRDE DIE WELT BLIND MACHEN

AUGE UM AUGE UM AUGE UM AUGE UM AUGE UM AUGE UM AUGE UM

5000 EWEs
Fünftausend Ethische WährungsEinheiten

WÜRDE DIE WELT BLIND MACHEN   WÜRDE DIE WELT BLIND MACHEN

AUGE UM AUGE UM AUGE UM AUGE UM AUGE UM AUGE UM AUGE UM

5000 EWEs
Fünftausend Ethische WährungsEinheiten

WÜRDE DIE WELT BLIND MACHEN   WÜRDE DIE WELT BLIND MACHEN

Anhang Ethische Währungseinheiten

Kopieren (und laminieren) Sie jede der drei WährungsEinheiten auf eine andere Hintergrundfarbe.

BEHANDLE ANDERE BEHANDLE ANDERE BEHANDLE ANDERE BEHANDLE ANDERE

 *2000 EWEs*
Zweitausend Ethische WährungsEinheiten

WIE DU BEHANDELT WERDEN WILLST WIE DU BEHANDELT WERDEN WILLST

BEHANDLE ANDERE BEHANDLE ANDERE BEHANDLE ANDERE BEHANDLE ANDERE

 *2000 EWEs*
Zweitausend Ethische WährungsEinheiten

WIE DU BEHANDELT WERDEN WILLST WIE DU BEHANDELT WERDEN WILLST

BEHANDLE ANDERE BEHANDLE ANDERE BEHANDLE ANDERE BEHANDLE ANDERE

 *2000 EWEs*
Zweitausend Ethische WährungsEinheiten

WIE DU BEHANDELT WERDEN WILLST WIE DU BEHANDELT WERDEN WILLST

BEHANDLE ANDERE BEHANDLE ANDERE BEHANDLE ANDERE BEHANDLE ANDERE

 *2000 EWEs*
Zweitausend Ethische WährungsEinheiten

WIE DU BEHANDELT WERDEN WILLST WIE DU BEHANDELT WERDEN WILLST

Anhang Ethische Währungseinheiten

Kopieren (und laminieren) Sie jede der drei WährungsEinheiten auf eine andere Hintergrundfarbe.

MAXIMIERE GLÜCK MAXIMIERE GLÜCK MAXIMIERE GLÜCK MAXIMIERE GLÜCK

1000 EWEs
Eintausend Ethische WährungsEinheiten

MINIMIERE SCHMERZ   MINIMIERE SCHMERZ   MINIMIERE SCHMERZ

MAXIMIERE GLÜCK MAXIMIERE GLÜCK MAXIMIERE GLÜCK MAXIMIERE GLÜCK

1000 EWEs
Eintausend Ethische WährungsEinheiten

MINIMIERE SCHMERZ   MINIMIERE SCHMERZ   MINIMIERE SCHMERZ

MAXIMIERE GLÜCK MAXIMIERE GLÜCK MAXIMIERE GLÜCK MAXIMIERE GLÜCK

1000 EWEs
Eintausend Ethische WährungsEinheiten

MINIMIERE SCHMERZ   MINIMIERE SCHMERZ   MINIMIERE SCHMERZ

MAXIMIERE GLÜCK MAXIMIERE GLÜCK MAXIMIERE GLÜCK MAXIMIERE GLÜCK

1000 EWEs
Eintausend Ethische WährungsEinheiten

MINIMIERE SCHMERZ   MINIMIERE SCHMERZ   MINIMIERE SCHMERZ

Wichtige Themen philosophisch hinterfragt!

Reinhold Mokrosch/Arnim Regenbogen (Hrsg.)
Arbeitshefte Ethik – Sekundarstufe II
Ethik-, Religions- und Philosophieunterricht

Reinhold Mokrosch
Band 1: Gewalt
80 S., DIN A4, kart.
Best.-Nr. **3214**

Angelika und Arnim Regenbogen
Band 2: Menschenrechte
80 S., DIN A4, kart.
Best.-Nr. **3215**

Josef Fellsches
Band 3: Sinn des Lebens? Lebenssinn!
64 S., DIN A4, kart.
Best.-Nr. **3422**

Hansjürgen Schmidt-Rhaesa
Band 4: Genetik – Gen-Ethik?
72 S., DIN A4, kart.
Best.-Nr. **3454**

Unter dem Gesichtspunkt einer „Wertethik" werden in den Heften dieser aktuellen Reihe für das Gymnasium Normen-, Tugend- und Wertfragen thematisiert. Die Materialien leisten Hilfestellung zur normenethischen Orientierung, zum „treffenden" Urteil im Sinn einer Tugendästhetik und zum Aufbau einer inneren Wertehierarchie.
Die Bände zeichnen sich durch besondere Methodenvielfalt aus. Sie regen die Schülerinnen und Schüler zu ethischen Reflexionen an und motivieren sie, Regeln, Normen und Werte kritisch zu überdenken. Jeder Band enthält ein Einlegeblatt „Wege zur Lösung der Aufgaben".

Auer BESTELLCOUPON

Ja, bitte senden Sie mir/uns

Reinhold Mokrosch/Arnim Regenbogen (Hrsg.)
Arbeitshefte Ethik – Sekundarstufe II

___ Expl. **Band 1: Gewalt** Best.-Nr. **3214**
___ Expl. **Band 2: Menschenrechte** Best.-Nr. **3215**
___ Expl. **Band 3: Sinn des Lebens? Lebenssinn!** Best.-Nr. **3422**
___ Expl. **Band 4: Genetik – Gen-Ethik?** Best.-Nr. **3454**

mit Rechnung zu.

Bequem bestellen direkt beim Verlag!
Telefon: 01 80/5 34 36 17
Fax: 09 06/7 31 78
E-Mail: info@auer-verlag.de

Bitte kopieren und einsenden an:

**Auer Versandbuchhandlung
Postfach 11 52
86601 Donauwörth**

Meine Anschrift lautet:

Name/Vorname

Straße

PLZ/Ort

E-Mail

Datum/Unterschrift

Ethische Werte anschaulich vermitteln!

Stefan Gönnheimer/Lothar Kuld (Hrsg.)
**Praxisbuch Compassion –
Soziales Lernen an Schulen**
Praktikum und Unterricht in den Sekundarstufen I und II
144 S., DIN A4, kart.   Best.-Nr. **3741**

Compassion bedeutet Anteilnahme an fremdem Leid. Das „Praxisbuch Compassion" versteht sich als Kompendium sozialen Lernens an Schulen. Ziel des Projekts ist die Entwicklung sozial-verpflichteter Haltungen wie Solidarität, Kommunikation und Kooperation mit Menschen, die – aus welchen Gründen auch immer – auf Hilfe anderer angewiesen sind. Zu diesem Zweck arbeiten die Schüler/-innen während des Schuljahres in der Regel zwei Wochen lang in einer sozialen Einrichtung, währenddessen sie von ihren Lehrer/-innen sowohl am Praktikumsort besucht als auch im Fachunterricht informierend und reflektierend begleitet werden.

Das Buch zeigt kopierfähige Pläne und Hilfen für die Organisation des Projekts und dokumentiert exemplarische Konzepte und komplette Unterrichtsreihen für die einzelnen Schulfächer an allen Schulformen der Sekundarstufen I und II, die eine gründliche Vor- und Nachbereitung der Praktikumserfahrungen ermöglichen.

Herbert Huber
Philosophie und Ethik
Eine Hinführung
Band II: Philosophische Exempel
Ausgewählte und erklärte Texte
240 S., kart.   Best.-Nr. **3890**

Philosophie – nur etwas für Weltfremde? Philosophie in der Schule – nur für Religions- und Ethiklehrer relevant?
Der Autor widerlegt in diesem Band solche Vorurteile. Schon die Auswahl der Texte zeigt, dass das Nachdenken über die Grundlagen des Lebens zu jeder Zeit aktuell war und jeden angeht. Deshalb werden Vertreter aller Zeiten und Epochen von der Antike bis zur Gegenwart berücksichtigt. Der Autor behandelt lebensbedeutsame Fragestellungen, die für den Unterricht geeignet sind und Stoff für Diskussionen bieten.
Das Buch enthält u. a. Texte von Platon, Kant, Wittgenstein und Nagel. Um seine Leser/-innen in die Materie einzuführen, lässt Herbert Huber die Denker selbst zu Wort kommen und erläutert dann die Originaltexte fachkundig und ausführlich.

Lothar Kuld/Bruno Schmid
Lernen aus Widersprüchen
Dilemmageschichten im Religionsunterricht
200 S., kart.   Best.-Nr. **3528**

Der Band ist ein gelungenes Lehr- und Praxisbuch für Studierende wie auch Lehrende, das wertvolle Hilfen bei der Planung und Realisierung ethischer Lernprozesse im Unterricht bietet. Wichtiges Anliegen ist dabei die Förderung von Einsicht und Vernunft als Grundlagen der Entscheidungsfindung bei Schüler/-innen. Als hervorragendes Mittel dazu dienen so genannte Dilemmageschichten, die zum Nachdenken, Diskutieren und Abwägen anhand ethisch-moralischer Gesichtspunkte anregen. Mit vielen unterrichtspraktischen Beispielen!

Auer BESTELLCOUPON

Ja, bitte senden Sie mir/uns

____ Expl. Stefan Gönnheimer/Lothar Kuld (Hrsg.)
**Praxisbuch Compassion –
Soziales Lernen an Schulen**   Best.-Nr. **3741**

____ Expl. Lothar Kuld/Bruno Schmid
Lernen aus Widersprüchen   Best.-Nr. **3528**

____ Expl. Herbert Huber
Philosophie und Ethik   Best.-Nr. **3890**

mit Rechnung zu.

Bitte kopieren und einsenden an:

**Auer Versandbuchhandlung
Postfach 11 52
86601 Donauwörth**

Meine Anschrift lautet:

_____
Name/Vorname

_____
Straße

_____
PLZ/Ort

_____
E-Mail

_____
Datum/Unterschrift

Bequem bestellen direkt beim Verlag!
Telefon: 01 80/5 34 36 17
Fax: 09 06/7 31 78
E-Mail: info@auer-verlag.de

Praxiserprobte Materialien für Ihren Unterricht!

Praxisnah, fundiert und übersichtlich!

Bert Unterholzner (Hrsg.)
Grundfragen philosophischer Ethik
Ausgabe für Baden-Württemberg, Bayern, Berlin, Mecklenburg-Vorpommern, Sachsen
104 S., kart.   Best.-Nr. **2490**

Textsammlung zu den Themenbereichen „Was ist Ethik?", „Philosophische Ethik in der Antike", „Philosophische Ethik in der Neuzeit". Fragen der Verantwortungsethik und der Bioethik werden zur Diskussion gestellt.

Reinhold Mokrosch/
Arnim Regenbogen (Hrsg.)
Was heißt Gerechtigkeit?
Ethische Perspektiven zu Erziehung, Politik und Religion
252 S., kart.   Best.-Nr. **3213**

In fünf Kapiteln werden Antworten auf die Frage „Was heißt Gerechtigkeit?" entfaltet: 1. Recht und Gerechtigkeit in unserer Gesellschaft, 2. Gerechtigkeit für zukünftige Generationen, 3. Erziehung zur Gerechtigkeit, 4. Religiöse Gerechtigkeit, 5. Gerechtigkeitsentwicklung durch Wettkampfsport.

Dieter Menath (Hrsg.)
Freiheit und Determination
Ausgabe für Baden-Württemberg, Bayern, Berlin, Mecklenburg-Vorpommern, Nordrhein-Westfalen, Sachsen
144 S., kart.   Best.-Nr. **3290**

Diese Textsammlung für den Ethikunterricht in der Oberstufe des Gymnasiums geht dem Fragenkomplex um die Willensfreiheit des Menschen nach. Sie bringt Texte aus der Philosophie von der Antike bis zur Gegenwart.
Die Texte sind jeweils mit einer Einführung versehen. Arbeitsaufgaben zeigen Wege der gedanklichen Erschließung.

Peter Köck
Handbuch des Ethikunterrichts
Fachliche Grundlagen, Didaktik und Methodik, Beispiele und Materialien
272 S., kart.   Best.-Nr. **3663**

Praxisnah und anschaulich: Dieses aktuelle Handbuch für den Ethikunterricht bietet Ihnen die fachlichen Hintergründe, fundierte Praxisanleitungen, fachdidaktische Unterrichtskonzeptionen, fachspezifische Methoden und grundlegende Kenntnisse für das Studium des Lehramts Ethik. Darüber hinaus finden Sie darin übersichtlich zusammengestelltes Prüfungswissen sowie vielfältige Materialien und Unterrichtsbeispiele. Mit diesem Handbuch haben Sie das nötige Rüstzeug für einen attraktiven und zeitgemäßen Ethikunterricht, der Ihren Schüler/-innen moralische Urteilsfähigkeit vermittelt.

Auer BESTELLCOUPON

Ja, bitte senden Sie mir/uns

___ Expl. Bert Unterholzner (Hrsg.)
Grundfragen philosophischer Ethik   Best.-Nr. **2490**

___ Expl. Reinhold Mokrosch/Arnim Regenbogen (Hrsg.)
Was heißt Gerechtigkeit?   Best.-Nr. **3213**

___ Expl. Dieter Menath (Hrsg.)
Freiheit und Determination   Best.-Nr. **3290**

___ Expl. Peter Köck
Handbuch des Ethikunterrichts   Best.-Nr. **3663**

mit Rechnung zu.

Bitte kopieren und einsenden an:

**Auer Versandbuchhandlung
Postfach 11 52
86601 Donauwörth**

Meine Anschrift lautet:

_____
Name/Vorname

_____
Straße

_____
PLZ/Ort

_____
E-Mail

_____
Datum/Unterschrift

Bequem bestellen direkt beim Verlag!
Telefon: 01 80/5 34 36 17
Fax: 09 06/7 31 78
E-Mail: info@auer-verlag.de

Praxiserprobte Materialien für Ihren Unterricht!